확실한 성공은
우연한 만남에서
이루어진다

이 책을 영어로 세상과 대화하고
성공으로 가득 찬 삶을 살고자 하는 모든 이에게 드립니다.

I dedicate this book to all who wish to speak to the world in English and live a life full of success.

저자: 민병철
편집책임: Shivani Ahuja
감수: 김성훈, 김영상, 김소연, Jack MacBain, Faezeh Rafiei

목차

들어가며 … 12

1 제 인터뷰가 유퀴즈에 나가게 되었어요 … 16
  My Interview will be Aired on You Quiz

2 제 눈을 쳐다봐요 … 19
  Look me in the Eyes

3 원어민처럼 영어를 잘하시네요 … 23
  You Speak English like a Native Speaker

4 영어를 언제 처음으로 배웠나요? … 28
  When did you First Learn English?

5 영어를 배우는 가장 좋은 방법은 무엇인가요? … 31
  What's the Best Way to Learn English?

6 영어를 배우는 동기가 무엇인가요? … 34
  What's your Motivation to Learn English?

7 당신이 하는 업무와 관련된 영어를 배우세요 … 37
  Learn English Related to your Work

8 수영을 배우려면 물속에 들어가야 해요 … 42
  If you Wanna Learn Swimming, Just Get into the Water

9   나이에 비해 훨씬 젊어 보이세요   46
    You Look so Young for your Age

10   로션을 듬뿍 바르세요   50
    Put on Lots of Lotion

11   팟럭 파티가 아주 좋았어요   54
    It was a Great Potluck Party

12   키를 안에 둔 채로 잠겨서 못 들어가요   58
    I'm Locked Out

13   나의 실패가 성공의 디딤돌이 되었다   61
    My Failure Turned into a Stepping Stone

14   우연한 만남이 확실한 성공을 가져온다   65
    Solid Success Comes from a Chance Encounter

15   메모하는 습관을 가져라   68
    Make a Habit of Jotting Down Notes

16   내 프로그램은 입소문을 탔다   72
    My Program Went Viral

17   기분 상하게 해 드릴 의도가 아니었어요   77
    I didn't Mean to Offend you

18   여기에서 드시겠습니까? 아니면 포장하시겠습니까?   80
    For Here or To Go?

19	쌀로 밥 짓는 얘기네요 It's Quite Obvious	84
20	제가 어디까지 말했지요? Where was I?	88
21	아이디어를 발표하라! Pitch your Idea!	91
22	일생에 한 번 있는 기회 Once in a Lifetime Opportunity	97
23	만일의 경우에 대비해 Just to be on the Safe Side	101
24	한국인들은 이름을 빨간색으로 쓰지 않아요 Koreans do not Write Names in Red	104
25	그가 내 인생의 여정을 만들어 주었다 He Shaped my Journey	107
26	누워서 떡 먹기야 It's a Piece of Cake	111
27	갑자기 생각이 떠올랐다 An Idea Popped into my Mind	114
28	이 일을 시작하게 된 동기가 뭔가요? What Motivated you to Begin this?	117

| 29 | 어떻게 하면 제가 CNN에 나올 수 있나요? | 121 |

How can I be on CNN?

| 30 | 왜 악플을 다나요? | 125 |

Why do People Post Bad Comments?

| 31 | 당신의 좋은 댓글 하나가 생명을 구할 수 있어요 | 129 |

Your one Good Comment can Save a Life

| 32 | 나는 그것에서 영감을 받았어요 | 132 |

I was Inspired by that

| 33 | 재윤아 일어나! | 137 |

Wake up Jaeyoon!

| 34 | 그녀는 감동을 받았다 | 140 |

She was Touched

| 35 | 당장 생각이 떠오르지 않아요 | 144 |

I can't Think of it off Hand

| 36 | 가망이 없어요 | 147 |

Chances are Slim

| 37 | 그는 아름다운 말 선플상을 수상했다 | 150 |

He Received Sunfull Good Words Awards

| 38 | 100명의 프로 보노 변호사 | 154 |

We have 100 Pro Bono Lawyers

39	대한민국은 다문화 사회이다 Korea is a Multicultural Society	157
40	존중은 당신과 함께 시작됩니다 Respect Starts with you	161
41	오늘의 최고 선수 Player of the Day	167
42	양파는 빼 주세요 Hold the Onions, Please	170
43	하마터면 큰일날 뻔했어요 That was a Close Call	172
44	아직 결정되지 않았어 It's up in the Air	174
45	생각해 보니 지갑을 안 가져왔다 Come to Think of it, I didn't Bring my Wallet	178
46	각자 부담합시다 Let's Split the Bill	182
47	내가 아는 바로는 아니다 Not that I Know of	186
48	내가 태워 줄게 I'll Give you a Ride	190

49	호칭을 어떻게 해 드릴까요?	193
	How should I Address you?	

50	당신을 응원합니다	197
	I'm Rooting for you	

51	직업이 무엇인가요?	201
	What do you do for a Living?	

52	세상 참 좁군요	204
	It's a Small World	

53	당신은 미국으로 영영 갈 건가요?	209
	Are you Going to the States for Good?	

54	본론으로 들어갑시다	213
	Let's Get to the Point	

55	덕분에 즐거운 하루가 됐어요	217
	You Made my Day	

56	다음 기회로 미룰 수 있을까요?	221
	Can you Give me a Rain Check on that?	

57	AI의 새로운 시대에 들어섰다	225
	We have Entered a New Era of AI	

58	웨이크업 콜을 주시겠어요?	228
	Can you Give me a Wake-up Call?	

59 깜빡 잊었습니다   232
    It Slipped my Mind

60 다른 사람을 빛내면 당신이 빛난다   235
    You Shine by Making others Shine

들어가며

2023년 1월 18일, 내가 출연한 〈유 퀴즈 온 더 블럭〉 방송이 나가자 전국에서 많은 분들이 연락을 주셨다. 정말 오랜만에 듣는 반가운 목소리들이었다. 반응은 크게 두 가지였다. "엄청 웃겨서 많이 웃었다." 두 번째는 "가슴이 찡했다. 온 가족이 울었다."였다. "영어공부의 비법을 알게 되었다.", "이제부터 영어공부를 열심히 하겠다.", "선플운동을 알게 된 계기가 되었다.", "죄송하다. 근래 이곳저곳 나쁜 댓글을 남겼다. 선한 영향력이 넓게 퍼지게 기도하고 실천하겠다."라고 글을 남긴 분도 있었다. 유퀴즈를 제작하는 분들이 워낙 최고의 팀인지라, 방송이 아주 깔끔하게 잘 나왔다. 아쉬운 점은 한 시간 동안 대화를 나누었는데, 20분으로 편집되어 나왔다는 점이다.

유퀴즈 출연 요청이 들어왔을 당시 나는 《민병철 생활영어》 책을 다시 쓰고 있었다. 내가 MBC-TV에서 10년 동안 '민병철 생활영어' 방송을 했는데, 책이 절판되어서 지금은 서점에서 구할 수가 없게 된 터인지라 당시 방송을 보셨던 분들이 이 책을 어떻게 구입할 수 있는지를 지속적으로 문의해 오셨기 때문이다.

그런데 유퀴즈가 방송되자 나는 이 영상이 내 삶의 축소판임을 깨닫게 되었다. 그래서 집필 중이었던 책의 방향을 바꾸어 내 삶을 조명해 준 유퀴즈의 유재석, 조세호 '자기님'들과 나눈 이야기와 내가 방송에서 못다 한 말들 그리고《민병철 생활영어》다섯 권 중 핵심 영어 표현을 소개하는 내용으로 다시 쓰게 되었다.

쓰고 보니, 꽤 재미있는 내용이 되었다. 독자들이 유퀴즈 영상과 연계하여 이 책을 읽으면 스토리와 영어에 몰입할 수 있도록 내용을 구성하였다. 내가 미국에서 처음 썼던《민병철 생활영어》책은 선풍적인 인기를 얻어 미국 각지에 있는 많은 동포들께서 읽어 주셨다. 그 후, MBC-TV에서 민병철 생활영어가 방송되는 동안, 대한민국에는 한 집 건너 이 책이 있을 정도로 정말 많은 분들이 이 프로그램을 사랑해 주셨다.

요즘도 가끔 내 방송을 시청했던 분들을 만나게 되면, "민병철 생활영어 방송 덕분에 외국인 단골손님들을 많이 둔 택시기사가 되었다.", "아버지가 매일 새벽에 생활영어 방송을 보라고 깨우시는 바람에 새벽잠을 많이 설쳤다." 등의 사연을 듣곤 한다. 얼마 전 만났던 어느 사업가는 "이 책을 달달 외웠더니 이제 글로벌 기업의 CEO가 되었다." 등 좋은 말씀들을 많이 해 주신다. 감사할 따름이다. 이런 말들은 내게 큰 보람으로 다가온다.

 영어로 대화하는 목적은 나와 말하는 영어 사용자(English speaker)에게 바로 「내 이야기」를 전하는 것이다. 이 책은 필자의 스토리를 담았다. 독자들이 이 책에 나온 생활영어 표현들을 「자신의 스토리」로 대체하면 누구나 세계인과 대화하는 데 필요한 「스토리가 있는 생활영어 표현」들을 습득하게 될 것이다. 이 책을 효과적으로 공부하는 방법은 각 chapter의 처음에 나오는 story를 잘 읽어 보고 영문 대화를 보면 빠르게 이해할 수 있다. 참고로, 영어의 한글 발음 표기는 영어의 원음에 가장 가깝도록 표기하였다.

 나를 초대해 주신 유퀴즈 제작팀 그리고 깊은 배려의 눈으로 나와 대화를 해 주신 유재석, 조세호 자기님들에게 무한 감사를 드린다. 자, 이제 이 책으로, "내 이야기, My Story"를 시작하자!

2023년 9월

저자 *(서명)*

유퀴즈에서 한 말, 못다 한 말

YOU QUIZ
(Told and Untold)

1 제 인터뷰가 유퀴즈에 나가게 되었어요
My Interview will be Aired on You Quiz

    2022년 12월, 선플운동본부 사무국에서 tvN 유퀴즈 제작팀으로부터 출연 섭외가 들어왔다고 말해 주었다. 나는 유퀴즈가 엔터테인먼트를 뛰어넘어 삶의 지혜를 나누는 프로그램이라는 것을 이미 잘 알고 있었다. 그날 저녁 집에 들어와 가족들에게 유퀴즈에 출연하는 것을 어떻게 생각하는지를 물어보았다. 그러자 손녀(민하린)가 "유퀴즈는 정말 좋은 프로그램이에요. 꼭 나가세요."라고 응원해 주었다.

    내가 출연 의사를 밝히자 이틀 후 제작팀으로부터 전화가 걸려 왔다. 우선 나는 한번 만나서 얘기하는 것이 어떤지를 물었다. 제작팀은 만나는 대신에 일정을 잡아 전화로 내용을 협의하자고 제안하였다. 보통 TV 출연 전에 만나서 협의를 하고 녹화에 들어가기 전에 스크립트를 받아 보는데, 이번에는 아무런 대본 없이 곧장 녹화장에 가게 되었다. 그야말로 순발력으로 대화해야 하는 프로그램이었다.

    「유퀴즈에 내 인터뷰가 나가게 되었다.」를 영어로는 "My

interview will be aired on *You Quiz*."라고 하면 된다. to be on the air는 「방송에 나오다」라는 뜻이다. 「이 쇼는 내일 방송된다.」는 "This show will be aired tomorrow." 또는 "This show will go on air tomorrow."로 표현한다.

💬 Dialogue

A Hi, did you watch the *You Quiz* show?
너 유퀴즈 봤어?

B No, why do you ask?
아니, 왜 물어보니?

A **My interview was aired on *You Quiz* last week.**
지난주에 내 인터뷰가 유퀴즈에서 방송되었어!

B That's amazing! Why didn't you say anything sooner?
와! 대단하다! 왜 진작 말하지 않았니?

A I thought you had marked it on your calendar.
나는 네가 달력에 적어 둔 줄 알았는데.

B My bad, I completely lost track of it.
미안해, 완전히 잊어버렸어.

📖 Let's Learn

to air 방송하다

mark it on one's calendar ~의 달력에 표시하다
E.g., It'll be a day to remember, so mark it on your calendar.
기억해야 할 날이 될 테니 일정에 적어 둬.

lose track 유지[지속]할 수 없게 되다, 잃다, 잊어버리다

2 제 눈을 쳐다봐요
Look me in the Eyes

유퀴즈 녹화가 있는 추운 겨울날, 분장을 마치자 밴(van)이 와서 나를 어디론가 태워다 주었다. 구불구불 골목길을 지나 도착한 곳은 연희동에 있는 한 녹화장이었다. 2층에서 기다리고 있는데, 진행자가 다급하게 말했다. "교수님, 유재석 씨가 들어오니 벽 쪽으로 좀 붙어 주시죠." 나는 순간 당황했다. 왜 그러지? 유재석, 조세호 씨가 들어오면 인사부터 나누어야 하는데… 알고 보았더니 녹화 전에 내가 MC들과 눈을 마주치지 않도록 함이었다. 아, 그렇구나. 첫 만남부터 프로그램에 생생한 현장감을 주기 위함이라는 것을 곧 알게 되었다.

「누군가와 눈을 맞춘다」는 영어로 "look someone in the eyes"라고 표현한다. 이는 to talk to someone in an honest way that shows no doubts 「의심할 것이 없다는 것을 보여 주려고 누군가에게 정직하게 말하는 것」을 의미한다. 한국에서는 특히 선배나 어르신에게 혼나거나 질책을 받고 있을 때 상대방의 눈을 똑바로 응시하는 것은 무례한 행동으로 여겨진다.

그러나 미국의 경우는 다르다. 예를 들어, 학생이 선생님으로부터 야단을 맞는 경우, 보통 교실 바닥 쪽을 쳐다보는데, 외국인 교사들은 한국 학생의 이러한 태도를 '정직하지 않다.', '선생님을 무시한다.'고 오해할 수 있다.

「제 눈을 쳐다봐 주세요.」는 "Look me in the eyes."라고 하고, 「내 눈을 똑바로 보고 진실을 말해 줘.」는 "Look me in the eyes and tell me the truth."라고 하면 된다. 「그 학생은 선생님의 눈을 똑바로 쳐다보지 않았다.」는 "The student didn't look his teacher in the eyes."라고 표현한다.

💬 Dialogue

A Can you tell me what happened?
　무슨 일이 있었는지 말해 줄 수 있니?

B I am sorry, but I didn't break the mirror.
　죄송하지만 제가 거울을 깨뜨리지 않았어요.

A **Look me in the eyes and tell me.**
　내 눈을 똑바로 보고 말해 봐.

B When I came here, I saw that the mirror was already broken.
　제가 여기에 왔을 때, 거울이 이미 깨져 있었어요.

A Then why did you try to hide it?
　그럼 왜 숨기려 했니?

B I didn't mean to hide it.
　숨기려 하지 않았어요.

📖 Let's Learn

What happened? 무슨 일이 있었는지?

E.g., What happened to you yesterday?
어제 무슨 일이 있었니?

no doubts 의심의 여지가 없다

E.g., I have no doubts that you can do this!
네가 꼭 이것을 해낼 수 있을 거야!

try to hide 숨기려 하다

E.g., Don't try to hide your true feelings.
너의 진짜 감정을 숨기려 하지 마.

mean to ~하려고 하다

E.g., I didn't mean to insult you.
너를 비난하려던 건 아니었어.

3 원어민처럼 영어를 잘하시네요
You Speak English like a Native Speaker

내가 1층 녹화장으로 내려가자마자 유재석 씨와 조세호 씨가 "Good afternoon. So nice to meet you. Have a seat, please."라고 영어로 인사를 퍼부었다. 사실은 녹화할 때 영어 쓰는 것을 자제해야겠다는 생각으로 촬영에 들어갔는데, 두 사람이 정신없이 영어를 발사하는 바람에 내가 영어로 대답해야 하는 상황이 벌어진 것이다. 그런데 두 사람 모두 영어 발음과 억양이 너무나 훌륭했다.

그래서 나는 "You have a beautiful English accent." 「영어 액센트가 아주 좋으시군요.」라고 칭찬을 해 주었다.

훌륭한 영어 억양을 갖고 있는 사람에게는 "You have a beautiful English accent."라고 하면 되고, 유학을 다녀오지도 않았는데 영어를 아주 유창하게 구사하는 사람을 보면 「네이티브처럼 영어를 잘하시네요.」라고 할 수 있는데, 이럴 때는 "You speak English like a native." 또는, "You speak English like a native speaker."라고 표현한다.

한국어를 잘하는 외국인에게 「한국어를 한국 사람처럼 잘하시네요.」라고 하는 경우에는 "You speak Korean like a native."라고 하면 되고 「한국어를 저보다 잘하시네요.」는 "You speak Korean better than me." 이렇게 해 주면 된다.

💬 Dialogue

A Wow! **You speak English like a native speaker.**
와! **영어를 원어민처럼 하시는군요.**

B Thank you, practice is the key.
감사합니다. 연습이 관건이에요.

A Well, your hard work has definitely paid off.
그래요. 당신의 노력이 확실히 결실을 맺었군요.

B Thank you, it's really an asset.
고마워요, 영어를 잘하는 것은 좋은 자산이에요.

A I agree, we live in a global village after all.
맞아요, 우리는 지구촌 사회에 살잖아요.

B I appreciate your compliment.
칭찬해 주셔서 고맙습니다.

📖 Let's Learn

native 원어민

E.g., You speak French like a native.
프랑스어를 원어민처럼 잘하시네요.

key 관건

pay off 성공하다, 좋은 결과를 보다

E.g., His hard work paid off, and now he's rich.

그가 열심히 노력한 결과 이제 성공해서 부자가 되었다.

asset 자산

E.g., He's a great asset to our team.

그는 우리 팀에 큰 자산이다.

Learn English –
to explore, adapt and understand
the richness of global perspectives.

영어를 배워라 –
범지구적인 관점에서 풍요로움을 탐험하고,
체득하고, 이해하고 싶다면.

4 영어를 언제 처음으로 배웠나요?
When did you First Learn English?

　유재석 씨가 나에게 영어를 언제 처음 배웠는지 물어보았다. 나는 어릴 적 우연히 서울 연희동에 있는 교회에 나가게 되었다. 이 교회에는 호주 출신의 선교사님이 있었다.

　그땐 우리집이 너무나 가난했기 때문에 쌀독은 항상 밑바닥이 속살을 드러내고 있었고, 연탄이 없어 차디찬 방바닥에서 자는 일이 허다했다. 나는 일요일만 되면 교회에 나갔는데, 교회 뒤쪽에 있는 사택에 가면 선교사님 부인이 미트볼 스파게티, 갓 구운 감자, 우유 같은 음식을 내어 주었다. 생전 처음 먹어 보는 음식은 굶주린 배를 채워 줬을 뿐만 아니라 마음까지 가득 채워 주었다. 지금도 그때만 생각하면 울컥한다.

　그분들에게는 네 명의 자녀가 있었는데, 나는 첫째 아들 Greg와 함께 서울 신촌 바닥을 쏘다니면서 영어를 배우게 되었다. 처음에는 영어를 모르니 Greg가 하는 말을 열심히 듣고 흉내내고, 또 내가 하고 싶은 말을 적어 Greg에게 녹음을 부탁한 다음, 테이프가 늘어질 때까지 동시 말하기로 정말 열심히 따라 했다. 당시 나에게는 같은 문장을 무한 반복하는 것이 영어를 잘할 수 있는 유일한 방법이었다. 100번 1,000번씩 따라 하다 보니, 내가 연습한 영어 문장만큼은 거의 네이티브처럼 영어를 구사할 수 있게 되었다. 비록 어린 나이였지만, "영어를 하면 가난으로부터 탈출할 수 있을 거야.", "영어를 잘하면 세상 사람들을 만나 성공의 기회가 올 거야." 이런 생각들을 하며 죽어라고 영어 공부를 했다. 지금 생각해 보면 우연히 나가게 된 교회에서 만난 Greg가 나를 영어와 만나게 해준 연결자였다.

「영어를 언제 처음으로 배웠나요?」는 "When did you first learn English?"로, 외워 두면 아주 요긴한 표현이다. 「언제 한국에 처음 오셨나요?」는 "When did you first come to Korea?", 「언제 당신의 반쪽을 만났나요?」는 "When did you first meet your other half?"라고 하면 된다. other half는 당신의 반쪽, 다시 말해 배우자를 뜻한다.

🗨 Dialogue

A You speak excellent English. **When did you first learn it?**
   영어를 아주 잘하시네요. **영어를 언제 처음 배우셨어요?**

B I learned it in middle school.
   중학교 때 배웠어요.

A How did you learn it?
   어떻게 배우셨어요?

B I practiced by shadowing.
   동시 말하기로 배웠어요.

A That's marvelous. I should practice Korean the same way.
   대단하네요. 저도 한국어를 같은 방식으로 연습해 봐야겠어요.

B Of course, it's the best way.
   물론이죠, 그게 최고의 방법이에요.

📖 Let's Learn

other half 배우자

E.g., Bring your other half next time you come.
다음번에는 배우자를 모시고 오세요.

shadowing 녹음에 나오는 원어민과 동시에 말하면서 언어를 훈련하는 방법

marvelous 신기한, 놀라운, 훌륭한

영어를 배우는 가장 좋은 방법은 무엇인가요?
What's the Best Way to Learn English?

조세호 씨가 "재석 형이나 제가 기본적인 영어 회화가 가능하려면 몇 개월 정도 공부해야 합니까?"라고 물어 왔다. 생존 영어를 배우기 위해서는 우선 자신에게 필요한 영어 표현을 만들고, 그 표현을 부지런히 반복해 연습해야 한다. 그렇게 해서 터득한 영어를 영어 사용자와 대화하면서 자기 것으로 만드는 것이다. 그저 혼자서 읽고 듣기만 해서는 실제로 외국인과 대화가 되지 않는다.

그런데 중요한 사실은 한국말을 잘하는 외국인들도 한국어를 처음 배울 때는 대부분 동일한 방법으로 한국어를 배웠다는 점이다.

생존을 위한 기본 한국어는 무조건 연습해서 습득하고, 다음에는 한국인과 대화를 통해 자신의 것으로 만드는 것이다. 다만, 우리와 다른 점이 있다면, 한국에 있는 외국인들은 한국어를 연습할 기회가 항상 널려 있는 반면, 우리는 영어 원어민과 대화할 기회가 거의 없는, 영어가 외국어인 EFL(English as a Foreign Language) 환경에 살고 있다는 것이다.

그래서 유재석, 조세호 씨에게 "두 분이 영어를 금방 배울 수 있는 방법을 알려 드리겠다."라고 말하니 무척 관심을 보였다.

"두 분이 한국말을 전혀 못하는 외국인을 영어로 인터뷰하시는 거예요." 그러면 머리 좋은 두 사람은 이 인터뷰에 필요한 영어를 빠르게 배우게 될 거라고 귀띔해 주었다. 머지않아 유퀴즈에서 실제로 외국인을 인터뷰하는 두 사람의 모습을 상상해 본다. 재차 강조하지만, 자신이 정말 영어가 필요하다는 것을 느끼는 순간이야말로 영어를 빠르게 배우게 되는 때다.

「최선의 방법이 무엇인가요?」를 영어로는 What's the best way~ 문형을 사용하면 된다. 「가수가 되는 최상의 방법은?」은 "What's the best way to be a singer?"라고 하고, 「시청으로 가는 가장 좋은 방법은?」은 "What's the best way to get to the city hall?"이라고 하면 된다.

💬 Dialogue

A I've studied English really hard, but I can't do it.
영어를 정말 열심히 공부했는데도 잘 못하겠어요.

B What's wrong? Don't give up just yet.
왜 그러세요? 아직 포기하지 마세요.

A I don't have the confidence to speak.
말할 자신이 없어요.

B Haven't you started practicing yet?
말하기 연습을 아직 안 했어요?

A No, **what's the best way to practice?**
아뇨, **가장 좋은 연습 방법이 뭐죠?**

B IMO, you must talk with an English speaker.
제 생각에는, 반드시 영어 사용자와 대화하셔야 해요.

📖 Let's Learn

to give up yet 아직 포기하지 말기

confidence 자신감

IMO 'In My Opinion'의 약자, 내 생각에는
E.g., IMO, you need to practice more.
제 생각에는, 연습을 더 하셔야 해요.

6 영어를 배우는 동기가 무엇인가요?
What's your Motivation to Learn English?

나를 만나는 많은 분들이 공통적으로 하는 질문이 있다. "어떻게 하면 영어를 잘할 수 있나요?"이다. 강연장에서도, 길거리나 식당에서 처음 만난 분들도 내게 묻는다. 그때마다 내가 하는 말은 대개 정해져 있다. "절실한 동기가 있으면 영어를 빠르게 배울 수 있어요."

성인이 목표 언어(target language)를 가장 빨리 익히는 방법은 그 언어가 자신의 생존과 밀접한 연관이 있는 경우이다. 한국에 있는 외국인 중 한국어를 빠르게 배우는 사람들의 유형을 살펴보면, 포교를 목적으로 들어온 선교사가 가장 빨리 한국어를 익힌다. 이들은 한국에 도착하기 전부터 한국어를 배워서 한국어가 아주 유창하다. 또 영어가 통하지 않는 한국인과 함께 근무하는 외국인들이나, 영어가 통하지 않는 지역에서 일하는 영어 강사들은 한국어를 배우는 속도가 엄청나게 빠르다. 이는 각기 자신의 영역에서 생존에 필요한 한국어를 배웠기 때문이다.

반면, 한국에 거주한 지 10년이 넘었어도 우리말을 거의 하지 못하는 외국인들도 상당수 있다. 이들은 대개 영어로 생활하는 데 별로 지장을 받지 않는 도심권에서 거주하는 외국인들이다. 한국인과 결혼한 어느 외국인은 집에서 배우자와 주로 영어로 대화를 하기 때문에 한국어를 배울 기회가 거의 없다고 했다. 한편, 내가 아는 어느 미국인 영어 강사는 한국 사회가 자신에게 한국어를 할 기회를 주지 않는다고 주장한다. 이유는 자신이 서툰 한국어를 꺼내려고 하면 상대방이 더듬거리는 영어일망정 영어로 의사소통하기를 원하기 때문이라고 한다.

다시 말해, 언어 습득의 속도는 그 언어를 배우려는 동기와 정비례한다. 영어를 배우는 것도 이와 동일하다. 영어를 배울 필요성을 강하게 느끼는 사람과 그렇지 않은 사람은 영어를 배우는 속도에서 비교할 수 없을 만큼 커다란 격차가 나타난다.

「동기가 무엇인가요?」는 "What's your motivation?"라고 하고, 「영어를 배우고자 하는 동기가 무엇인가요?」는 "What's your motivation to learn English?", 「한국에 오신 동기가 무엇인가요?」는 "What's your motivation to come to Korea?"라고 하면 된다.

💬 Dialogue

A I heard you signed up for English classes.
영어 수업을 신청했다고 들었어.

B Yeah, I believe I made the right decision.
맞아. 내가 옳은 결정을 했다고 믿어.

A That's great! **What was your motivation?**
잘됐다! **신청하게 된 동기가 뭐니?**

B I wanna learn English to travel.
여행 가서 쓰기 위해 영어를 배우려고.

A Sounds wise, when do you start?
현명한 생각이야. 언제 시작하니?

B Next week, I can't wait.
다음주부터 시작하는데, 너무 기다려진다.

📖 Let's Learn

sign up 등록하다

E.g., Don't forget to sign up for Monday's event!
월요일 행사에 등록하는 것을 잊지 마세요!

wanna want to, want a의 줄인 말

E.g., I wanna see you soon.
너를 빨리 보고 싶어.

sounds wise 현명하게 들리네요

당신이 하는 업무와 관련된 영어를 배우세요
Learn English Related to your Work

영어를 배우는 효과적인 방법 중 하나는 자신이 하는 업무와 직접적으로 관련이 있는 영어를 배우는 것이다. 내가 유학 중에 있었던 일이다. 어느 교포가 카센터를 운영하고 있었다. 당시에는 한국인이 운영하는 차량 수리 센터가 거의 없을 때였던지라, 동포들이 수리를 많이 맡겨 짭짤하게 운영되었다.

그런데 나는 이분이 영어를 잘 못하는 분인데도 어떻게 미국인으로부터 부품을 사다가 영업을 잘할 수 있는지가 늘 궁금했다. 하루는 그 비결을 물어보았더니, 이렇게 말했다. "미국인으로부터 부품을 살 때는 제 영어 실력이 전혀 문제되지 않아요. 왜냐하면, 상대는 저에게 물건을 팔기 위해 온 신경을 곤두세워 제 영어를 알아들으려 하니까요. 반대로 반품을 하려고 할 때는 제 영어를 알아들을 수 없다고 불평합니다. 왜냐면 상대는 반품에는 관심이 없기 때문이죠."

인간은 자기중심적인(self-centered) 존재임을 잘 알 수 있는 대목이다. 그러니 영어를 배울 때도 자신에게 필요한 영어부터 공략하는 것이 훨씬 더 효과적이다.

「당신의 일과 관련된 영어를 배우라.」를 영어로는 "Learn English related to your work."라고 하고, 「자신과 관련된 영어를 배우라.」는, "Learn English related to yourself."라고 하면 된다.

💬 Dialogue

A Are you taking English classes?
영어 수업 듣고 있니?

B Yes, I'm loving them.
맞아, 정말 마음에 들어.

A That's great! What are you learning?
잘됐다! 뭘 배우는데?

B **I'm learning English expressions related to my work.**
내 업무와 연관된 영어 표현을 배우는 중이야.

A That's such a smart move.
정말 현명한 방법이다.

B Thanks, you must give it a shot too.
고마워, 너도 한번 도전해 봐.

📖 Let's Learn

self-centered 자기중심적

E.g., We are all self-centered.
우리는 모두 자기 중심적이다.

take a class 수업을 듣다

related to 연관된

smart move 영리한 선택

E.g., Buying that house early was such a smart move!
그 집을 일찍 산 것은 정말 영리한 선택이었다!

give something a shot ~을 시도하다(give something a try라고도 한다)

E.g., I've never had bibimbap before, but I'll give it a shot.
저는 비빔밥을 먹어 본 적이 없지만 한번 먹어 보겠습니다.

Learn English in the realm of your work,
and unlock new doors of growth,
opportunities, and knowledge.

자신의 업(業)과 관련 있는 영어부터 배워라.
새로운 성장과 기회, 지식의 문을 열어라.

수영을 배우려면 물속에 들어가야 해요
If you Wanna Learn Swimming, Just Get into the Water

　다시 한 번 강조하지만, 영어를 빠르게 배우는 방법은 내게 필요한 기본 생존영어 표현들을 반복 훈련하는 것으로, 이는 매우 효과적이다. 주위에 보면 스마트폰 문자 메시지를 빛의 속도로 작성하는 사람들이 있는데, 이들은 결코 운동신경이 뛰어나서 그런 것이 아니다. 자신의 손끝으로 수없이 많은 문자를 반복해서 작성한 결과다. 적어도 기본 생존영어 표현만은 직접 자신의 입으로 반복 연습을 하게 되면 빠르게 터득할 수 있다.

　일단 기본영어를 장착했으면, 다음에는 배운 영어로 외국인과 대화하는 것이 필수이다. 알리바바 창업자인 마윈은 처음에 영어를 배우기 위해 9년 동안 매일 아침 외국인들이 있는 항저우 호텔로 달려가서 무료로 관광 안내를 했다고 한다. 영어를 배우는 데는 그런 열정이 필요하지만, 지금 우리는 Netflix나 YouTube로 영화나 미국드라마를 무제한으로 보고, CNN으로 월드컵과 바이든 대통령의 기자 회견을 실시간으로 보고 듣는 시대에 살고 있다. 그러나 보고 듣는 것만으로는 영어를 절대로 배울 수 없다.

불행하게도 영어를 배우는 대부분의 사람들이 '영어 듣기'에 너무나 많은 시간을 할애하고 있다. 10년 이상 미국에 살았거나, 각종 듣기시험에서 고득점을 받았는데도 영어 회화가 잘 안되는 사람들이 있다. 이것은 입시 등 각종 시험에서 listening만을 중점적으로 다루고 있고, 또 '영어를 많이 들으면 영어 회화를 저절로 잘하게 될 것'이라는 막연한 생각으로 인해 영어 대화량이 현저히 부족했기 때문이다.

물론 영어를 많이 들으면, 듣지 않은 것보다야 효과가 있겠지만 우리 두뇌에는 "듣는 기능과 말하는 기능이 별도로 있다."라고 보아야 한다. 영어 회화를 빨리 습득하려면 반드시 말하기를 먼저 훈련하는 것이 훨씬 효과적이다. 왜냐하면 본인이 직접 말할 수 있는 영어는 들을 수 있지만, 들린다고 해서 그만큼 말할 수는 없기 때문이다. 그러니 부디 영어 듣기만 하지 말고, 말하기를 집중 훈련 하시길 바란다!

이제 영어를 잘할 수 있는 답이 나왔다. 첫째는 나에게 필요한 영어 표현을 찾는다. 둘째는 해당 표현을 단순히 듣는 것에서 벗어나 입에 붙을 수 있도록 반복적으로 말하는 연습을 하는 것이다. 하지만 단순히 반복 연습에서 그친다면 나에게 필요한 영어 표현만 알게 될 뿐, 영어로 대화하기엔 부족하다.

이때 아주 간단한 방법은 영어를 배우는 친구 한 명을 만들어서 그 친구와 영어로 대화 연습을 하는 것이다. 만일 일정이 맞지 않는 경우, 전화나 화상으로 영어 대화를 하는 것이 효과적이다. 전화영어의 장점은 본인에게 편한 시간에 맞추어 외국인이 직접 전화를 걸어 주어 대화를 하는 것이고, 화상영어는 상대방을 보면서 대화를 하기 때문에, 실감나는 영어 대화가 가능하다.

「영어 말하기 연습을 해야 한다.」는 "You must practice speaking English."이다. 「영어 사용자와 대화를 연습하라.」는 "Practice English with an English speaker."라고 하면 된다.

💬 Dialogue

A Hi, can you give me a hand tonight?
안녕, 오늘밤 나를 좀 도와줄 수 있겠니?

B Sorry, I have a lot on my plate. Why?
미안해, 할일이 많아서 어려울 것 같아. 무슨 일인데?

A I have an English speech at school next week.
다음주에 학교에서 영어로 연설을 해야 하거든.

B **You must practice with an English speaker.**
영어 사용자와 함께 연습하는 게 좋겠다.

A That's right, I'll try that.
맞아, 그렇게 해 봐야겠어.

B You got this, break a leg.
넌 할 수 있어. 행운을 빌게!

📖 Let's Learn

give someone a hand 다른 사람을 도와주다
E.g., Can you give me a hand with this math problem?
이 수학 문제 좀 도와줄 수 있니?

have a lot on one's plate 할 일이 많다
E.g., He has a lot on his plate.
그 사람은 할 일이 많아서 정신이 없다.

break a leg 행운을 빌다

9. 나이에 비해 훨씬 젊어 보이세요
You Look so Young for your Age

유재석 씨가 나를 보자 "뵌 지가 한참 됐는데 변하지를 않으시네요."라고 인사를 했다. 자신이 초등학교 시절에 내 영어방송을 봤다는데 내가 생각보다 젊어 보였던 모양이다. 1981년 MBC-TV 〈민병철 생활영어〉 방송을 시작했을 때 나는 아주 젊은 나이였다. 당시를 기억하는 분들은 아마 내 나이를 실제보다 훨씬 많다고 생각할 것이다.

사실 내가 유재석 씨를 처음 만난 때는 약 20년 전이다. 제주도에서 어린이 영어캠프를 개최한 적이 있었는데, 당시 유재석 씨가 김용만 씨와 함께 나를 격려해 주기 위해 캠프장으로 찾아온 적이 있었다. 그때 아이들과 사진도 찍어 주고 함께 즐거운 시간을 보내 준 것을 기억한다. 유재석 씨가 남을 위해 배려하는 사람이라는 것을 그날 처음 알았다. 그 후 세월이 꽤 흘렀는데도 유재석 씨는 여전히 젊고 패기에 차 있었고 이제는 '배려의 국민 아이콘'이 되어 있다.

「당신은 나이에 비해 젊어 보인다.」를 영어로는 "You look

young for your age."로 표현한다. 또 「나이에 비해 훨씬 젊어 보인다.」고 할 때는 "You look much younger than your age."라고 하면 된다. 참고로 미국인들은 나이를 직접 물어보는 것을 실례라고 생각하므로 되도록 묻지 않는 것이 좋다.

💬 Dialogue

A How old do you think he is?
그 사람 몇 살처럼 보이니?

B I bet he would be late 30s.
분명히 30대 후반일 거야.

A No, he's in his late 40s.
아니, 40대 후반이야.

B Really? **He looks so young for his age.**
정말? **나이에 비해 굉장히 젊어 보이네.**

A Well, I think staying active is the key.
글쎄, 활동적인 것이 비결이라고 생각해.

B Right, I am glad to see him in person, anyway.
맞아. 어쨌든 그 사람을 직접 만나게 되어서 기뻐.

📖 Let's Learn

look old [young] for one's age 나이에 비해 더[덜] 들어 보인다
E.g., She looks old for her age.
그녀는 나이보다 더 들어 보인다.

I bet 내 생각엔
E.g., I bet he will be late again today.
내 생각엔 그는 오늘도 틀림없이 늦을 거야.

for one's age ~의 나이에 비해

late 30/40s 30/40대 후반

see in person ~를 직접 만나다
E.g., I saw my boss in person.
나는 우리 사장님을 직접 만났다.

10 로션을 듬뿍 바르세요
Put on Lots of Lotion

오랜만에 만나는 사람들은 처음 나를 TV에서 봤을 때를 떠올리며 나이보다 젊어 보인다고 말한다. 어떤 사람들은 내게 젊음을 유지하는 비결을 물어보기도 한다. 시카고에서 공부할 때 나는 아내와 다미닉스(Dominick's)라는 쑤퍼마켓(supermarket: '슈퍼'로 발음하지 않는다)을 자주 갔다. 계산대에는 캔디, 껌 등 소소한 물건들이 즐비한 가운데 소책자들이 함께 놓여 있었다. 주로 다이어트하는 법, 당뇨병 및 고혈압 예방법 등이 잘 정리되어 있는 작은 책자들이었는데, 그중 《How to Prevent Getting Wrinkles(주름 방지법)》라는 책자가 우연히 눈에 들어왔다. 이 책이 내 얼굴에 젊음을 가져다 주는 역할을 해 주었다.

책자는 아주 간단한 주름 관리법을 소개하고 있었는데, 예를 들어 '세수할 때 얼굴 부위에 수분을 충분히 공급하라.' 등이었다. 얼굴에 물을 충분히 적셔 주고, 수분이 남아 있는 상태에서 스킨과 로션 등의 모이스쳐라이저를 넉넉히 발라 준 후,

주름 부위는 주름이 간 방향으로 가볍게 마사지를 해 주라는 것이다.

　여기까지는 누구나 아는 상식이다. 나는 여기에 한 가지를 추가했다. 그것은 내 마음에 로션을 바르는 일이다. 아내를 만난 일, 아이들이 태어났을 때의 기쁨 등 내 삶에 즐겁고 긍정적인 일들을 떠올리는 것이다. 세월의 흐름에 따라 만물은 나이들어 가지만 마음만큼은 꼭 나이에 비례하지 않는다.

　또, 선플운동을 시작한 뒤로는 소셜 미디어에 남을 응원하고 칭찬하는 댓글을 다는 것이 어느새 습관이 되었고, 또 다른 사람에게 험담 대신 칭찬을 해 주는 습관이 나를 실제 나이보다 더 젊어 보이게 한다고 생각한다. 이건 특별한 노력을 들이지 않고 하는 일상의 습관이다. 습관이 쌓여 일상이 되고, 일상이 인생이 된다.

　「로션을 듬뿍 바르다.」를 영어로는 "Put on lots of lotion."이라고 하면 된다.「얼굴에 로션을 듬뿍 바르세요.」는 "Put lots of lotion on your face."라고 표현하고,「당신의 영혼에 로션을 듬뿍 바르세요.」는 "Put lots of lotion on your soul."이라고 하면 된다.

💬 Dialogue

A Hey, you look so young.
정말 젊어 보이세요!

B Thank you. So do you.
고마워요. 당신도 마찬가지세요.

A May I ask how you maintain your skin?
피부 관리를 어떻게 하시는지 여쭤봐도 될까요?

B **I put on lots of lotion every day.**
매일 로션을 많이 발라요.

A Oh, that's the secret! I got it.
오, 그게 비결이었군요! 이제 알겠어요.

B Plus, I put lots of lotion on my soul.
게다가 제 영혼에도 로션을 듬뿍 바른답니다.

📖 Let's Learn

lotion 로션, 피부에 수분을 주는 화장품

so do you 당신도 그래요

maintain 관리하다, 유지하다
E.g., I need to maintain my current weight.
나는 지금 몸무게를 유지해야 한다.

Put some lotion on your soul.
당신의 영혼에 로션을 바르라.

11 팟럭 파티가 아주 좋았어요
It was a Great Potluck Party

시카고 시립대학 트루먼 칼리지(Truman College)에서 파트타임으로 ESL 영어(English as a Second Language, 제2언어로서의 영어)를 가르칠 때이다. 생존영어를 배우러 오는 사람들은 남미인, 한국인, 베트남인들이 대부분이었다. 내 클래스에는 우리 동포들이 많이 수강했는데, 나중에는 나는 아예 한국인을 대상으로 한 영어 교육 프로그램을 전담하는 코디네이터로 일하게 되었다.

나는 수업 시간에 이민 초기의 동포들을 많이 만났다. 한국에서 중소 기업체 사장, 기업체의 간부, 약사 등 다양한 직종에 종사하던 분들이 많았지만 대부분이 영어가 제대로 되지 않아 남모르는 고생을 하고 있었고, 개중에는 공장에서 육체노동을 하는 분들도 있었다. 한국에서 약사였던 한 분은 궁여지책으로 나사 공장에서 일하고 있었는데, 영어가 통하지 않아 무척 애를 먹고 있다고 했다. 하루는 팀장이 wrench(볼트 따위를 돌리는 공구)를 가져오라는 것을 lunch로 잘못 알아

들고 자기 도시락을 가져다주었다가 창피를 당한 적이 있다고
도 고충을 토로했다.

당시 미국인들은 한국을 너무나 몰랐다. 6·25 전쟁으로 폐
허가 되고 분단된 가난한 나라로 알고 있었고, 심지어는 한국
에 전기가 들어오는지, 자동차가 있는지를 묻는 사람이 있을
정도였다. 나는 주위 미국인들에게 한국을 제대로 알려 줄 필
요가 있다고 생각했다. 한국은 반만년의 찬란한 역사와 전통
이 있는 나라, 세계에서 가장 교육열이 높은 나라로, 자원은
없지만 세계 최고 수준의 인적 자원을 토대로 눈부시게 발전
하는 나라라는 인식을 심어 주는 것이 뭣보다 중요하다고 생
각되었다.

나는 K 씨 등 주위의 몇몇 뜻있는 사람들과 '시카고 한국 문
화원'이라는 민간모임을 만들고 태권도 사범, 한국전통무용
가 등 뛰어난 인재들을 모았는데, 그들 모두가 기꺼이 자원봉
사로 참여해 주기로 했다. 첫 행사로 트루먼 칼리지에서 '한국
문화의 날' 행사를 열기로 했다. 당시 행사에 참가한 사람들은
주로 그 대학의 랭귀지 프로그램에 다니는 교민들과 그분들의
직장 동료나 상사, 그리고 그 가족들이었다. 교민들은 저마다
집에서 장만한 음식들을 가지고 나와 행사에 참석한 사람들과
나누어 먹었는데, 이 팟럭 파티(potluck party)에 참가한 미
국인들 대부분이 한국 음식을 처음 먹어 보는 사람들이었다.

이 행사에는 300여 명이 참석했고 대성황을 이루었다.

미국인들은 행사가 진행되는 동안 생전 처음 태권도, 부채춤, 화관무 등의 한국 문화 공연을 보며 "원더풀"을 연발했고, 수강생들이 준비한 잡채, 불고기, 군만두 등의 한국 음식도 미국인들에게 큰 인기를 모았다. 이 행사는 미국인들에게 한국의 탁월한 문화를 보여 줌으로써 한국인의 위상을 드높이는 전기를 마련했다. 그로부터 한 달쯤 지난 후에 어느 수강생이 상기된 얼굴로 내게 와서 이렇게 말했다. "제 시급이 50센트 올랐어요." 그리고 나에게 감사하다는 쪽지를 보내왔다. 그날 참석했던 자신의 회사 상사가 "그날 행사가 한국인에 대한 인식을 달리하는 계기가 됐다."고 말했다는 것이었다. 정말 가슴 뿌듯한 보람을 느낀 순간이었다.

팟럭 파티(potluck party)란 다른 사람들과 나누기 위해 각자 요리를 가져오는 사교 모임을 말한다. 「팟럭 파티가 아주 좋았어요.」는 "It was a great potluck party."라고 한다. 「각자 음식을 조금씩 가져와서 나눠 먹자.」라고 할 때는 "Let's do a potluck party."라고 하면 된다.

출처: 민병철 저, 《영어의 주인이 되라》

💬 Dialogue

A Didn't you join the party yesterday?
  어제 파티에 참석하지 않았니?

B I missed it, what kind of party was it?
  놓쳤어. 무슨 파티였는데?

A **It was a great potluck party.**
  정말 멋진 팟럭 파티였어.

B Really? I regret missing it.
  정말? 못 간 게 후회되네.

A Yes, Mr. Smith brought Thai cuisine for us all.
  응. 스미스 씨가 우리 모두를 위해 태국 요리를 가져왔거든.

B Too bad, my mouth is watering.
  아쉬워, 입에 침이 고이네.

📖 Let's Learn

regret 후회

E.g., I regret yelling at him.
나는 그에게 소리친 것을 후회한다.

cuisine 요리

mouth-watering 음식이 맛있다는 칭찬의 표현

E.g., The smell of fresh cookies was so mouth-watering.
신선한 쿠키 냄새에 너무나 군침이 돌았다.

12 키를 안에 둔 채로 잠겨서 못 들어가요
I'm Locked Out

역시 트루먼 칼리지(Truman College) 영어 프로그램에서 가르칠 때의 일이다. 교포들 대다수가 영어가 서툴고 지금처럼 스마트폰이나 구글번역 등 번역기가 없던 시대였던지라 그들이 겪는 어려움은 너무나도 많았다. 수업 중에 동포들은 미국에서 생활하면서 필요한 영어 표현들을 끊임없이 내게 물었다. "아파트 안에 열쇠를 두고 문을 잠가 버렸는데 이럴 때는 뭐라고 해야 하나?", "변기가 막혔는데 어떻게 말해야 관리인을 부를 수 있나?", "상대가 바가지를 씌우려 하는데, 나는 그렇게 호락호락한 사람이 아니라는 걸 어떻게 말하나?", "월급을 좀 올려 달라고 할 때는 뭐라고 하나?", 심지어는 "한밤중에 아이가 위급한데 무어라고 해야 하는지" 등의 질문을 끊임없이 쏟아 냈다. 이 질문들은 그야말로 생존에 꼭 필요한 생활 영어 표현들이었다.

물론 수강생들이 물어보는 질문 내용에 대한 답을 내가 다 아는 것은 아니었다. 나는 질문 내용을 정리하고 내가 모르는 표현은 영어 원어민들에게 확인한 다음 가르쳐 주었다. 질문을 받고 정리하고 가르치는 그런 과정을 수없이 반복하다 보니 어느새 자료가 수북이 쌓이게 되었다.

나는 책을 출간하기로 했다. 그동안 메모해 두었던 실생활에서 요긴하게 쓰이는 영어, 즉 일상생활에서 곧바로 활용할 수 있는 실용 영어 표현들을 정리하고 또 상황별로 정리하는 데 꼬박 6개월이 걸렸다. 이렇게 해서 탄생한 책이 바로 《민병철 생활영어》 초판이었다. 책이 나오자 미주 전역에서 "정말 미국 실생활에 도움이 되는 책이다.", "왜 이런 책이 이제 나왔나." 등 격려의 글이 쏟아졌다. 주문이 쇄도하기 시작하며 내가 쓴 《민병철 생활영어》 책이 날개 돋친 듯 판매되기 시작했다.

출처: 민병철 저, 《영어의 주인이 되라》

'locked out'이란 키를 안에 두고 나와서 들어갈 수 없는 상태를 말한다. 「집 안에 열쇠를 두고 문이 잠겨 버렸다.」는 "I'm locked out of the house, I left my key inside."라고 한다. 「차 안에 열쇠를 두고 문을 잠가 버렸다.」는 "I'm locked out of my car, I forgot my keys inside.", 「비밀번호를 잊어버려서 G메일 계정이 잠겼어요.」는 "I'm locked out of my gmail account, I forgot my password."라고 하면 된다.

💬 Dialogue

A Hey Jim, I'll be late for the meeting.
짐, 저 회의에 늦겠어요.

B Really? But you're always on time.
정말요? 하지만 항상 제시간에 오시잖아요.

A I know, **I'm locked out of my apartment.**
그러게 말이에요. **아파트 안에 열쇠를 두고 문이 잠겨 버렸는걸요.**

B Oh no! Do you have a spare key?
저런! 여분의 열쇠가 있나요?

A Unfortunately, I do not.
안타깝지만 없어요.

A That's too bad.
안됐군요.

📖 Let's Learn

on time 제시간에, 정시에

spare 여분
E.g., My spare tire is in the trunk.
제 스페어 타이어가 트렁크에 있어요.

unfortunately 안타깝게
E.g., Unfortunately, I won't be able to make it to your dinner.
안타깝지만, 저녁모임에 갈 수 없네요.

13 나의 실패가 성공의 디딤돌이 되었다
My Failure Turned into a Stepping Stone

시카고에서 출간한 《민병철 생활영어》가 큰 호응을 얻자 나는 비디오 영어 교재 제작에 도전해 보기로 했다. 당시는 TV 프로그램이 끝나면 재방송 말고는 방송을 다시 볼 기회가 없었는데, 비디오가 나오면서 방송영상을 녹화하고 다시 볼 수 있게 된 것이다. 요즘의 모바일 혁명이나 다를 바 없는 일대 기술 혁신이 이뤄진 것이다.

나는 이 첨단 기술을 영어 교육에도 활용하고 싶어서 1979년에 시카고에서 비디오 영어 교재로는 한국 최초로 〈Let's Speak American〉이란 제목의 비디오 영어 교재를 제작하게 되었다. 당시 나는 '펠리캄(Pelicom)'이라는 미국 비디오 제작 회사와 함께 작업을 했는데, 직원들이 모두 미국인인 데다 영어 회화 비디오를 만들어 본 경험이 없어서 기획, 원고 작성, 감독 등 모든 작업을 혼자 도맡아 해야 했다. 우여곡절 끝에 이 테이프는 50분 길이의 컬러 영상으로 완성되었다. 당시, 국내 텔레비전 방송들이 모두 흑백으로 방송되고 있었음을 감안할 때 매우 파격적인 것이었다.

 나는 이 비디오테이프를 제작하기 위해 그동안 저축한 돈을 몽땅 투자했다. 맨주먹으로 미국에 건너간 나로서는 저축한 돈을 모두 투입한다는 것은 큰 모험이 아닐 수 없었다. 그러나 누군가는 꼭 해내야 할 일이라는 사명감으로 손익을 떠나 최선을 다해 제작했다.

 〈Let's Speak American〉 비디오 영어 교재가 출시되자 미주 교민들은 열띤 호응을 보였다. 하지만 교민사회에 비디오 기기가 그다지 널리 보급되지 않았던 만큼 판매 시장도 극히 제한되어 있었다. 나는 한국 시장을 타진하기로 했다. 한국에서는 흑백 TV를 보던 시절이라 컬러로 된 비디오 영어 교재가 나오자 사람들은 놀라워했다. 당시 한국에는 비디오 기기(VCR)로는 소니의 '베타맥스(Betamax)'라는 기기가 주종을 이루었는데, 전국에 통틀어 봐야 고작 200대 정도만 보급된 것으로 추산될 때였다. 게다가 컬러로 영어 회화 비디오테이프가 나왔으니 그게 제대로 팔릴 리 없었다. 처음 몇 개가 팔린 후에는 판매 실적이 제로였다. 알고 보니 한정된 시장에서 내 비디오 영어 교재가 복사되어 유통되고 있었다. 결국 나는 전국을 누비는 나의 복사판 비디오테이프들을 참담한 마음으로 바라볼 수밖에 없었다.

 결국 영어 비디오테이프를 최초로 제작한 사람이라는 기

록만을 남긴 채, 시카고에서 틈틈이 강의로 저축한 돈을 몽땅 다 털어 넣어 가며 내 열정을 쏟아부은 〈Let's Speak American〉 비디오 영어 교재의 국내 판매는 이렇게 실패하고 말았다. 그렇지만 이 실패는 내 인생의 다음 단계를 위한 디딤돌이 되었다.

「디딤돌」은 영어로 'stepping stone'이라는 단어를 사용한다. 「내 실패가 디딤돌이 되었다.」를 영어로는 "My failure turned into a stepping stone."으로 표현하면 된다. 「그의 조언이 내 인생의 디딤돌이 되었다.」는 "His advice was a stepping stone in my career path."라고 하면 된다.

💬 Dialogue

A I am so discouraged about my grades.
  내 성적이 너무 실망스러워.

B Don't worry, **every failure can be a stepping stone.**
  걱정 마, **모든 실패는 디딤돌이 될 수 있어.**

A That's right, I need to try harder.
  맞아, 좀 더 노력해야겠어.

B How about talking with your advisor?
  지도교수님의 조언을 구해 보는 건 어떠니?

A Right, I'll send him an email now.
  그래, 바로 교수님께 이메일을 보낼게.

B That's the spirit. Don't give up too easily.
  아주 좋은 자세야. 너무 쉽게 포기하지 마.

📖 Let's Learn

be discouraged 낙담하다

E.g., I was so discouraged after he rejected my proposal.
그가 내 제안서를 거절한 후에 나는 매우 낙담했다.

advisor 조언가

spirit 정신

E.g., That's the spirit! You can do it.
바로 그거야! 너는 할 수 있어.

14 우연한 만남이 확실한 성공을 가져온다
Solid Success Comes from a Chance Encounter

　나는 1979년에 시카고 시청 앞 광장에서 두 번째 '한국 문화의 날' 행사를 개최했다. 시카고 시장을 비롯하여 많은 미국인들이 참석했고, 한국 총영사도 참석했다. 나는 그 행사에서 직접 사회를 맡았다. 행사가 끝나자 미국 출장 중 우연히 행사에 참석한 MBC 신 부장이 이렇게 말했다. "저는 미국 사람이 사회를 보는 줄 알았습니다." 그는 내게 명함을 건네며 한국에 오면 꼭 연락을 달라고 신신당부를 했다.

　이듬해인 1980년, 한국을 잠깐 방문하면서 신 부장에게 연락했다. 신 부장은 MBC 라디오에서 영어 회화 프로그램을 구상하고 있는데 이를 맡아 달라는 제안을 해 왔다. 나는 즉석에서 수락했다. 그리고 '15분에 내 인생을 건다.'는 각오로 태평양을 왕복하며 방송 분량을 녹음했고, 매일 15분짜리 라디오 프로그램을 진행하며 단 한 번도 펑크를 내지 않았다. 1년 6개월간 라디오 방송을 하고 난 1981년, MBC에서 이번에는 TV 영어 강좌를 맡아 달라고 요청해 왔다. 방송 시간은 아침

6시 30분, 월요일부터 토요일까지 하루 30분씩 편성을 해 놓고 담당 프로듀서까지 이미 정해 놓은 상태였다.

TV 영어 방송 제안을 받고서는 한동안 망설였다. 왜냐하면, 미국에서 대학원 수업을 듣고 있었고, TV 출연이 가족을 부양할 수 있을 만큼 수입이 보장되는 것도 아니어서 한참 고민을 하지 않을 수 없었다. 더구나 TV에서 영어를 가르쳐 본 적이 없었던 터라 걱정이 앞섰지만, 아내와 협의 끝에 결국 MBC의 요청을 수락했다. 나는 '이 프로그램에 내 영어 인생의 운명이 달렸다.'는 비장한 각오로 한판 승부를 걸었다.

이렇게 신 부장과의 우연한 만남으로 1981년 10월, MBC-TV 〈민병철 생활영어〉 프로그램을 통해 "Good morning everyone. How are you?"라는 나의 첫 번째 텔레비전 인사 멘트가 전국에 퍼져 나갔다. 첫 방송을 하기 전까지 아마 이 첫 멘트를 100번은 족히 연습했을 것이다. 지금 생각해 보면 시카고에서 신 부장과의 우연한 만남은 나에게 영어 교육자로서의 삶을 살게 한 계기가 되었다.

「우연한 만남」을 "a chance encounter"라고 하고, 「우연한 만남이 성공을 가져온다.」는 "Success comes from a chance encounter."라고 표현한다. 「그녀가 가수가 된 것은 우연히 그를 만났기 때문이다.」는 "She became a singer because of a chance encounter with him."이라고 하면 된다.

💬 Dialogue

A How did you two meet?
두 분은 어떻게 만나셨나요?

B I happened to meet him at a conference.
칸퍼런스에서 우연히 만나게 되었지요.

A It's such a big coincidence.
엄청난 우연의 일치네요.

B Yeah, I never thought I'd be his business partner.
네, 제가 그의 사업 파트너가 될 거라고는 생각도 못 했어요.

A **Success can come from a chance encounter.**
성공은 우연한 만남에서 비롯되네요.

B This is so true. I completely agree with you.
정말 사실이에요. 전적으로 동의해요.

📖 Let's Learn

conference 회의, 전문적인 주제로 열리는 대규모 회의

coincidence 우연
E.g., What a coincidence! I didn't know I'd see you here.
정말 우연이군요! 여기서 당신을 볼 줄은 몰랐어요.

partner 협력자, 상대

15 메모하는 습관을 가져라
Make a Habit of Jotting Down Notes

　내가 MBC-TV 〈민병철 생활영어〉 방송을 하느라 서울과 시카고를 자주 오갈 때의 일이다. 가끔 노스웨스트 항공 여객기를 타게 되면서 미국인 승무원들과 대화를 나누었는데, 승무원들은 주로 한국인 승객들과 겪은 경험들을 내게 들려주었다. "왜 한국인 승객들은 필요한 것을 요청할 때 'Excuse me.'라고 하지 않고 옷자락을 당기는가?", "왜 대화 중 상대방의 눈을 쳐다보지 않는지?" 등이었다.

　나는 승무원들에게 한미 생활문화의 차이에 대해 설명해 주고 그때마다 이 내용들을 꼼꼼히 적어 두었다. 이 메모들은 나중에 《Ugly Koreans Ugly Americans》라는 한미 생활문화 차이에 대한 책으로 출판되었다. 또, 시카고 트루먼 칼리지에서 이민자들에게 영어를 가르칠 때 동포들이 미국 생활에서 생존에 필요한 생활영어 표현들을 끊임없이 내게 질문해 왔는데, 나는 이 표현들을 지속적으로 메모해 두었다. 그리고 이 메모는 나중에 《민병철 생활영어》 책으로 태어났다.

나의 메모하는 습관은 지금도 계속되고 있다. 이건 누구나 하는 일이겠지만 나는 사람을 처음 만날 때, 그 사람에 대한 기본 정보와 관심사 등을 메모해 두고, 이 내용을 휴대폰 앱에 음성 파일로 저장한 다음 미팅 전 여러 번 반복해서 듣는다. 이 방법은 상대방과 부드럽게 대화를 이끌어 가는 데 크게 도움이 된다. 나는 또 일론 머스크(Elon Musk), 마크 주커버그(Mark Zuckerberg), 빌 게이츠(Bill Gates), 이재용(Lee Jae-yong) 등 글로벌 기업 총수들의 행보를 메모해 둔다. 이들의 행보를 통해 인류의 디지털 미래를 가늠할 수 있기 때문이다.

메모는 기억을 새롭게 유지하는, 간단하지만 강력한 도구이다. 중요한 것은 지속적으로 메모하는 습관을 갖는 것이다. 메모를 해 두면 언제든지 작성한 내용을 되짚어볼 수 있다. 신기한 것은 그 메모를 볼 때마다 매번 새로운 시각으로 바라볼 수 있게 된다는 점이다. 펜과 메모장이든 스마트폰과 같은 디지털 도구든 누구나 메모하는 습관을 갖기를 바란다.

'to jot down'은 「간단히 빨리 메모하다」라는 뜻이다. 예를 들어, 「중요 포인트는 반드시 메모하라.」는 "Be sure to jot down important points."라고 하면 되고, 「나는 회의 때 항상 중요 포인트를 적는다.」는 "I always jot down notes during meetings."라고 한다. 같은 의미의 숙어로 'take note'가 있으며, 「나는 습관적으로 미팅 시 요점을 메모한다.」는 "I make it a habit to take notes during meetings." 라고 하고, 「잊어버리기 전에 메모를 하라.」는 "Take a note of it before you forget."이라고 하면 된다.

💬 Dialogue

A Hey Mike, were you at the panel discussion yesterday?
야, 마이크, 너 어제 패널 토론에 갔었어?

B Sure, it was an insightful experience.
응, 정말 유익한 경험이었어.

A My bad, I missed it totally.
불행하게도, 나는 모두 놓쳤어.

B No problem, **my assistant jotted down everything.**
괜찮아, **내 조수가 다 메모해 뒀지.**

A She's a savior, could you forward it to my inbox too?
그녀는 구원자야, 메모한 걸 내 이메일로 전달해 줄래?

B Not a big deal, happy to help!
물론, 도움이 되어서 기뻐!

📖 Let's Learn

panel discussion 패널 토론

insightful 통찰력 있는

forward 전달하다

inbox 받은 편지함

16 내 프로그램은 입소문을 탔다
My Program Went Viral

〈민병철 생활영어〉 첫 방송이 나가고 일주일이 지났다. 담당 피디는 시청자들의 반응이 아주 뜨겁다고 귀띔을 해 주었다. 이 프로그램은 나의 우려를 뒤엎고 시청자들로부터 큰 호응을 얻었다. MBC 측의 야심 찬 기획이 그대로 적중한 셈이었다. 몇 개월이 지나자 프로그램이 입소문을 타기 시작해 서점에는 《민병철 생활영어》가 날개 돋친 듯 팔려 나갔다. 방송의 인기에 불이 붙어 책이 전국의 서점에서 베스트셀러로 떠오른 것이다. 심지어는 〈민병철 생활영어〉를 보느라 아침 시간에 학원가가 썰렁하다는 소리도 들려왔다.

새벽 6시 30분은 시청자들이 보지 않는 사각 시간대라는 고정관념을 깨고 하루이틀 시간이 지날수록 시청률이 수직 상승했고, 그 프로그램 바로 뒤에 편성된 아침 뉴스도 덩달아 시청률이 껑충 뛰었다.

나는 이 프로그램을 진행하면서 한국 사회가 얼마나 영어에 목이 말라 있는지를 절실히 느낄 수 있었다. 프로그램이 대성공을 거둘 수 있었던 것은 제작진의 피나는 노력 덕도 있었지만, 문법이 아닌 외국인과 대화가 통하는 생활영어를 절절히 필요로 하는 시대적 요구가 절묘하게 맞물려 시너지 효과를 가져왔기 때문이었다.

 이런 일도 있었다. 방송이 나간 지 얼마 되지 않아 스스로를 영어교사라고 밝힌 어느 시청자께서 전화를 걸어 왔다. 왜 'going to'라고 가르치지 않고, 'gonna'라고 하는지, 또 'want to'라고 해야 하는데 왜 'wanna'라고 하는지를 따져 묻는 것이었다. 상대방의 불평을 다 듣고 난 후 나는 그분에게 두 가지를 물었다. 외국인과 대화를 해 본 적이 있는지, 또 미국에 다녀온 적이 있는지… 두 가지 다 경험이 없다는 답을 들은 나는 이렇게 대답해 주었다.

 "미국인 중에 want to를 '원트 투'라고 발음하는 사람은 아무도 없습니다."

 어쨌든 나는 그 일 이후 방송에서 'going to', 'want to'를 설명할 때는 반드시 이렇게 토를 달게 되었다. 영어를 처음 배우는 분은 '고잉 투', '원트 투'로 또박또박 발음하시고, 정상적인 속도로 발음하는 경우는 'gonna', 'wanna'라고 하시라고. 그러나 어느 정도 세월이 지나자 그런 질문을 하는 시청자는 더 이상 나오지 않았다. 내가 가르친 영어가 정말로 미국인들과 통하는 표현이며 발음법이라는 것을 안 것이리라.

MBC 〈민병철 생활영어〉는 1981년 가을 첫 방송이 나간 이후 1984년까지 계속 방영되었고, 잠시 쉬었다가 1988년부터 다시 시작하여 1991년까지 고정 프로그램으로 이어져 최장수 프로그램의 대열에 들게 되었다. 덕분에 《민병철 생활영어》 책은 영어 회화책 최다 판매라는 대기록을 세웠고, MBC 〈민병철 생활영어〉는 시청자들에게 많은 사랑을 받은 영어 교육 프로그램으로 한국 텔레비전 어학교육 방송사에 한 획을 그었다.

「입소문을 타다」는 'go viral'이라는 표현을 쓴다. 'go viral'은 「빠르게 퍼지다」, 「입소문이 나다」라는 숙어이다. 「내 프로그램은 입소문을 탔다.」는 "My program went viral."이라고 한다. 요즘 사용하는 소셜 미디어를 응용해 「소셜 미디어를 폭발적으로 달궜다.」라고 하려면 blow up(폭발하다)을 넣어서 "It blew up on social media."라고 표현하면 된다.

💬 Dialogue

A Did you check the latest English TV program?
최근 영어 TV 프로그램 봤어?

B Not yet, was it interesting?
아니, 아직. 재미있었어?

A Of course, **this program went viral.**
물론이지. **입소문을 타고 있는 프로그램이잖아.**

B Wow really? I didn't know that.
와, 정말? 전혀 몰랐는걸.

A You must tune in at 6:30 tomorrow morning.
내일 아침 6시 반에 꼭 채널 고정해 둬.

B Sure, I don't wanna miss it again.
물론이지, 또 놓치고 싶지 않아.

📖 Let's Learn

blow up 폭파하다, 폭발적 인기를 끌다

E.g., The news blew up on twitter.
그 소식은 트위터를 폭발적으로 달궜다.

check TV program TV 프로그램을 보다

E.g., I've checked the You Quiz program this week.
나는 이번 주 유퀴즈 프로를 봤다.

tune in 채널을 맞추다

E.g., Make sure to tune in for tonight's show!

오늘밤 쇼를 꼭 시청하세요!

E.g., Stay tuned, we'll be right back.

곧 돌아올 테니 채널을 고정해 주세요.

(TV 진행자가 자주 쓰는 표현이다.)

17 기분 상하게 해 드릴 의도가 아니었어요
I didn't Mean to Offend you

한번은 MBC〈민병철 생활영어〉방송 프로그램에 노스웨스트 항공의 미국인 여성 승무원을 초대한 적이 있었다. 당시만 하더라도 한국에서 출발한 비행기가 미국 착륙이 가까워질 때쯤이면, 승무원들이 승객들에게 "미국 시민이세요?"라고 물어보고 미국 시민이 아닌 사람들에게만 미국 '입국 신고서'(entry document)를 나누어 주었는데, 외모가 동양계이면 미국 시민이 아닐 거라 짐작하고 무조건 입국 신고서를 나누어 주었다. 이때 일부 승객들로부터 "나는 미국 시민이오."라고 퉁명스러운 말을 듣게 되고 본의 아니게 승객의 기분을 상하게 한다는 말을 해 주었다. 왜냐하면 동양계 미국인들로서는 자기 나라에 들어가는데 외국인 취급을 받았기 때문에 기분 나빠한다는 것이다.

「기분을 상하게 할 의도가 없었다.」를 영어로는 "I didn't mean to offend you."라고 표현한다. 간혹, 30세밖에 안 된 여성에게 40세처럼 보인다고 했다든지, 직업이 선생님인 여성에게 "sir."라고 한 경우, 상대방은 몹시 언짢아할 것이다. 직업이 선생님인 경우라도 여성에게는 'sir'를 붙이면 절대 안 된다. 일반적으로 존칭어로 'Ms.'나 'Miss' 또는 'ma'am'을 사용한다.

이런 때는, "Sorry, I didn't mean to offend you."「죄송합니다. 기분 상하게 할 의도가 아니었습니다.」 또는 "I hope I didn't hurt your feelings."「기분을 상하게 해 드리지 않았기를 바랍니다.」라고 하면 된다. 다행히 상대가 "Don't worry about it. No offense!"라고 했다면, 「걱정 마세요. 기분 상하지 않았어요.」라는 의미이다.

💬 Dialogue

A May I check your passport please?
여권을 확인해 봐도 될까요?

B Sure, here you go.
네, 여기 있어요.

A Oh, I thought you were a foreigner.
아, 저는 당신이 외국인인 줄 알았어요.

B No, I am a US citizen.
아니요, 미국 시민입니다.

A I am sorry, **I didn't mean to offend you.**
죄송합니다. **기분 상하게 해 드릴 의도가 아니었어요.**

B That's all right.
괜찮습니다.

📖 Let's Learn

entry document 입국서류

E.g., Did you fill out an entry document to the United States?
미국 입국서류를 작성했나요?

offense 무례를 범하다, 공격하다

offense(미국식 철자), offence(영국식 철자)

E.g., I found his remarks about the president very offensive.
그의 말은 대통령에 대한 모독이었다.

citizen 시민

18 여기에서 드시겠습니까? 아니면 포장하시겠습니까?
For Here or To Go?

　MBC 〈민병철 생활영어〉 방송 초기의 일화다. 당시에는 생활영어라는 단어조차 처음 들어 보던 때였다. 나는 미국에서 사용하는 표현 위주로 방송 강좌를 했는데, 당시 많은 분들이 내가 소개하는 대부분의 영어 표현들이 처음 들어 보는 표현들이라 생소하게 여겼을 것이다. 「여기서 드시겠습니까? 아니면 포장하시겠습니까?」를 "Here or to go?"로 방송했더니, 시청자 한 분이 전화를 걸어와 이 문장이 맞는지를 물어 왔다.

　맥도날드 같은 곳에서 패스트푸드를 주문하게 되면 반드시 종업원이 "For here or to go?" 또는 "Here or to go?"라고 묻는다. 「여기서 드시겠습니까, 아니면 포장하시겠습니까?」라는 말로 "Is this for here or to go?"의 줄임말이다. "For here." 「여기서 먹을게요.」라고 하는 손님에게는 쟁반(tray)을, "To go." 「포장해 갈게요.」라고 하는 분에게는 종이 포장용기에 싸서 주게 된다.

「여기서 먹는다.」가 "For here."이고 「포장해 간다.」는 "To go."이니 만일 음식점에서 가져갈 음식을 시키는 경우는 음식 이름 다음에 to go만 붙이면 된다. 예를 들어서 「커피를 가져갈 것이니 포장해 주세요.」는 "Coffee to go." 하면 되고 「닭을 포장해 주세요.」라고 할 때도 「포장하다, 싸다」라는 동사 wrap을 사용하지 않고 "Chicken to go."라고 하면 된다.

💬 Dialogue

A May I help you?
무엇을 도와드릴까요?

B Yes. I'd like a Big Mac with a coke, please.
빅맥에 콜라 한 잔 주세요.

A Will that be all? No fries?
그게 전부인가요? 감자튀김은 말고요?

B No, that's all.
네, 그게 다예요.

A **For here or to go?**
여기서 드실 건가요, 아니면 가지고 가실 건가요?

B To go.
가지고 갈게요.

📖 Let's Learn

Big Mac 맥도날드 햄버거의 일종

fries French fries를 줄인 것으로 감자튀김을 말한다
E.g., Would you like some fries?
감자튀김도 주문하시겠어요?

quarter[쿼러] 4분의 1

미식 발음에서는 「t」가 모음 사이에 올 때 파열되지 않고 우리말 「ㄹ」에 가깝게 발음된다.

that's all 그것이 전부입니다

E.g., One more coke please and that's all.

콜라 한 잔만 더 주시면 됩니다.

19 쌀로 밥 짓는 얘기네요
It's Quite Obvious

    토크 중 갑자기 유재석 씨로부터 질문이 훅 들어왔다. 「쌀로 밥 짓는 소리를 하지 말아라.」를 생활영어로 알려 달라는 주문이었다. 나는 순간 당황했다. 여태껏 이 한국어 표현을 한 번도 들어 본 적이 없었기 때문이다. 그렇다고 모른다고 하면 망신이 아닌가? 내가 무슨 말인지를 몰라 당황해하는 사이 유재석 씨가 다시 「당연한 얘기 하지 말아라.」라는 뜻이라고 친절하게 알려 주었다.

    정신을 차리고 다시 들어 보니, 쌀로 밥 짓는다는 것은 너무나 당연한 일 아닌가? 여기에 해당하는 영어 표현으로 "Obviously. Everybody knows this."가 있다고 알려 주었더니, 유재석 씨가 유창한 발음으로 따라 했다. 내가 보기에 유재석 씨와 조세호 씨는 영어를 금방 잘할 수 있는 분들이었다. 「다른 사람들은 다 아는데 너만 모르니?」 이렇게 약간 비트는 느낌이 드는 영어 표현이기는 하나 여기에 딱 들어맞는 표현이다.

문장을 만들어 보자. 「쌀로 밥 짓는 얘기예요.」는 "It's quite obvious.", 「우리가 승기를 잡고 있는 게 확실하다.」는 "It's quite obvious that we are in the lead.", 「그가 돈이 떨어진 게 확실하다.」는 "It's quite obvious that he's broke."라고 하면 된다.

💬 Dialogue

A Wow, you worked really hard on this project.
와, 너 이번 프로젝트 정말 열심히 했구나.

B Thank you, I put a lot of effort into it.
고마워. 정말 많이 노력했거든.

A Your work is outstanding.
네 작품은 훌륭해.

B I wanted to make sure everything was perfect.
모든 것이 완벽하도록 확실히 해 두고 싶었어.

A **Well, it's quite obvious.**
그러게, 그건 분명해 보여.

B Thank you, I hope we knock the other team out.
고마워. 우리가 다른 팀을 제치고 이길 수 있으면 좋겠다.

📖 Let's Learn

work hard on ~을 열심히 하다

E.g., He worked hard on his exam.
그는 시험을 열심히 준비했다.

put an effort 노력하다

E.g., You need to put more effort into your studies.
너는 공부에 더 많은 노력을 할 필요가 있어.

outstanding 훌륭하다

E.g., That's an outstanding piece of art!
그것은 훌륭한 예술 작품입니다!

knock out 녹아웃시키다(녹아웃: 어떤 사람이나 팀을 시합에서 이겨서 그들이 더 이상 참가할 수 없게 하는 것)

20 제가 어디까지 말했지요?
Where was I?

    이번에는 조세호 씨가 「제가 어디까지 얘기했죠?」, 「제가 무슨 이야기를 하다 말았지요?」를 영어로 어떻게 말하는지를 묻는다. 이런 경우 미국인들은 간단히 "Where was I?"라고 표현한다. 영어에서 "Where was I?"라는 표현은 대화 중에 본래 말하던 대목이 생각이 안 날 때 상대방에게 도움을 청하는 표현이다. 「우리가 무슨 말을 하는 중이었지요?」를 옮겨 본다면 I 대신에 we를 넣어서 "Where were we?"라고 하면 되고, 교수가 강의를 시작하면서 「아, 지난 시간에 우리가 어디까지 공부했지요?」라고 묻는 경우에도 "Now, where were we?" 이렇게 표현한다. 다시 강조하지만 영어는 가능하면 쉽게, 또 원어민들이 실제 쓰는 표현을 사용하도록 해야 한다.

    좀 더 부드럽게 대화 속에서 응용하려면 "Let's back up, where was I?" 「다시 돌아가서 제가 무슨 말을 하다 말았지요?」라고 하거나 "Where was I? I lost track." 「제가 어디까지 말했지요? 하던 이야기를 잊어버렸어요.」라고 하면 된다.

여기서 'to lose track'은 「하던 말을 잊다」는 뜻이다.

또한, 길을 잃은 경우에 「여기가 어딥니까?」를 물을 때 흔히 "Where is here?"라고 하기 쉬우나, 이럴 때는 "Where am I?" 또는 동행인이 있을 경우 "Where are we?"라고 한다.

💬 Dialogue

A **Oh, where was I?**
오, 제가 어디까지 얘기했죠?

B You were telling me about the new Korean restaurant.
새로 생긴 한국 식당에 대해서 얘기하고 있었어요.

A Right. They have great *galbi* there.
맞아요. 그곳은 갈비를 아주 잘해요.

B Do they have any western dishes?
양식도 있나요?

A Yes, they do, but their specialty is Korean.
있긴 있는데, 한식이 전문입니다.

B I'll have to go and try it. Thanks for bringing it up.
한번 가서 먹어 봐야겠네요. 알려 주셔서 감사해요.

📖 Let's Learn

western dishes 서양 음식

E.g., *I love western dishes.*
저는 양식을 아주 좋아해요.

specialty 전문 분야

bring something up 무엇에 대한 얘기를 하다

E.g., *That's a very good point, thanks for bringing it up!*
아주 좋은 지적이네요, 얘기를 해 줘서 고마워요!

21 아이디어를 발표하라!
Pitch your Idea!

나는 우리의 삶이 pitch(발표)의 연속이라고 정의한다. 끊임없이 아이디어를 내고, 그것을 끊임없이 발표하는 것이다. 나는 지금까지 수없이 많은 제안서를 작성하고, 그 내용을 피치(pitch)해 왔고 수많은 실패를 경험했다. 그렇지만 지금도 여전히 제안서를 쓰고 있다. 이 책도 일종의 제안서인 셈이다.

2010년, 나는 건국대학교 정교수로 임용되면서 학생들이 4차 산업혁명 시대의 글로벌 취업·창업환경에서 경쟁력을 갖도록 Business Creativity 강좌를 최초로 개발하였다. 학생들에게는 세상에 존재하지 않는 혁신적인 아이디어로 제안서를 작성하고, 그 제안서를 영어로 발표하도록 했다.

현재 나는 중앙대학교 석좌교수로 세계 각국에서 온 학생들을 대상으로 혁신 비즈니스 아이디어를 메타버스로 구현하는 Metaverse Business Creativity(창의 비즈니스) 강좌를 개발하여 영어로 강의 중이다. 첫 번째 단계는 내 반에 들어온 모든 학생들이 혁신적인 아이디어를 영문 제안서로 작성하고,

자신의 아바타를 만들어 가상과 현실이 결합된 메타버스상에서 영어로 사업제안서를 발표한다. 두 번째 단계는 서로 유사한 아이디어를 제출한 학생들끼리 팀을 만들어 팀 제안서를 작성하고, 이를 롯데ICT, 컴투스, KT 같은 글로벌 기업에서 발표한다. 세 번째 단계는 글로벌 기업의 전문가들로부터 받은 자문을 통해 최종 팀별 pitch를 한다.

이제 인류가 지금까지 상상해 왔던 일들을 AI와 메타버스상에서 얼마든지 구현할 수 있다. 자신의 아바타로 아인슈타인과 대화하며 이 대화에서 얻은 지식으로 빌 게이츠와 대화도 가능하다. 화성에서 워런 버핏과 점심 식사를 할 수 있고, 일론 머스크와 마크 주커버그가 검투사가 되어 로마의 콜로세움에서 격투하는 모습을 볼 수도 있다. 하지만 자신이 갖고 있는 이런 독창적인 아이디어를 다른 사람과 공유하려면 무엇보다도 피칭(pitching) 기술을 습득해야 한다.

'pitching'이란 자신의 아이디어를 듣고 다른 사람이 투자하도록 설득하는 것을 말한다. 「당신의 아이디어를 발표하는 것」을 영어로는 "Pitch your idea."라고 한다. "elevator pitch"는 누군가와 엘리베이터를 타고 함께 올라가는 30~60초 동안에 상대방에게 강렬한 인상을 심어 주어 나중에 2차 만남이 성사될 수 있도록 설득하는 것을 말한다.

처음 만난 이성의 마음을 얻기 위해서는 1분 정도의 짧은 시간에 멋진 피치로 자신의 매력 포인트를 알리는 것이 매우 중요하다.

「그녀는 메타버스 수업시간에 자신의 혁신적인 아이디어를 발표했다.」를 영어로 "She pitched her innovative idea in the metaverse class."라고 하고, 「제임스는 투자자들에게 자신의 제안서를 발표했다.」는 "James pitched his proposal to the investors."라고 하면 된다.

메타버스 비즈니스
크리에이티비티 사이트

💬 Dialogue

A Hey! I have a great idea for an app.
있지, 나 앱에 대한 좋은 아이디어가 하나 있어.

B Wow. Is that for your class?
와우. 수업을 위해 준비하는 거야?

A Yes, it's for the Metaverse course.
응, 메타버스 수업을 위한 거야.

B **When do you pitch your idea?**
언제 그 아이디어를 발표하는데?

A I will pitch it next week.
다음주에 발표해.

B That's amazing! You'll ace it.
대단하다! 넌 분명 잘할 거야.

📖 Let's Learn

innovative 혁신적

E.g., That's an innovative idea.
그건 혁신적인 아이디어네요.

app application의 줄임말로, 스마트기기에서 돌아가는 응용 프로그램을 말한다

E.g., *We are designing a new app for metaverse users.*
우리는 메타버스 사용자들을 위한 새로운 앱을 설계하고 있다.

ace something 뭔가를 잘할 거야. '뭔가를 성공적으로 성취하다'라는 표현
E.g., *I'm sure you'll ace it when you take that exam.*
너는 그 시험에 꼭 합격할 거야.

Your life is a series of pitches!

당신의 삶은 발표의 연속이다!

22 일생에 한 번 있는 기회
Once in a Lifetime Opportunity

내가 가르치는 메타버스 혁신창업 비즈니스(Metaverse Business Creativity) 수업은 독일, 프랑스, 말레이시아 학생을 포함해, 세계 각국에서 온 학생들이 수강한다. 수업 내용이 모두 영어로만 진행되기 때문에 내 반에서 강의를 듣는 학생들은 영어를 기본적으로 할 줄 알아야 한다. 마치 외국 대학에 와 있는 것처럼 수업을 들을 수 있어, 한국 학생들 중에는 영어 강의를 들을 만한 실력이 아닌데도 등록한 학생들이 있다. 이런 학생들에게는 공통점이 있다. 모두 두둑한 배짱으로 외국 학생들과 영어를 할 기회를 잡으려는 적극적인 생각을 한다는 것이다.

앞서 언급했다시피, 매 학기가 시작되면 모든 학생들은 먼저 세상에 존재하지 않는 혁신 아이디어로 창업제안서를 작성하고, 1분 동안 발표(pitch)를 한다. 이 과정에서 학생들은 자신이 생각해 낸 혁신적인 비즈니스 제안서를 실제로 글로벌 기업의 전문가들 앞에서 발표하고, 전문가들의 자문을 통해 자신의 제안서를 보완하고 완성한다. 또, 대기업의 구성원들과 네트워크를 만들 수도 있게 되므로 학생들에게는 금상첨화의 기회가 된다.

「일생에 한 번 있는 기회」를 영어로는 "once in a lifetime opportunity."라고 표현한다. 내 수업에 참가한 어느 외국인 학생은 학생들이 한국의 글로벌 기업을 방문하여 발표하고 또 그 기업의 전문가들로부터 피드백을 받게 된다는 것을 알고, "This is a once in a lifetime opportunity." 「평생 한 번 있을 기회」라고 했다. 「정말 갖기 힘든 기회」라는 뜻이다. "I just won a free round-trip ticket to Jeju Island!" 「방금 제주도 가는 무료 왕복항공권에 당첨되었어요.」라고 말하는 상대방에게 "That's the chance of a lifetime."라고 해도 같은 뜻이다.

💬 Dialogue

A I have brilliant news to share.
  아주 좋은 소식이 있어.

B Wow! What's that?
  우와! 뭔데?

A I received a job offer at Google.
  구글에서 일자리 제안을 받았어.

B Really? When did you even apply?
  정말? 도대체 언제 지원한 거야?

A My Professor referred me to that company.
  교수님이 그 회사에 나를 추천해 주셨어.

B Wow! **That's a once in a lifetime opportunity!**
  와! **정말 일생에 한 번뿐인 기회다!**

🔍 Let's Learn

brilliant 훌륭한

E.g., That's a brilliant idea.
훌륭한 아이디어이다.

apply 지원하다

E.g., My friend applied for Harvard.
친구가 하버드에 입학원서를 냈다.

refer 추천하다, 참고하다

E.g., *My professor referred me to that company.*
우리 교수님이 나를 그 회사에 추천했다.
E.g., *He referred me for the interview.*
그가 인터뷰를 추천했다.

23 만일의 경우에 대비해
Just to be on the Safe Side

언젠가 미국인 친구가 운전하는 차를 타고 여행을 간 적이 있었다. 목적지에 도착했는데 그 친구가 실수로 키를 차 안에 놓고 그대로 문을 잠가 버렸다. 내가 "We're in big trouble."「문제가 크게 생겼다.」라고 했더니 그 친구는 웃으면서 "Don't worry. I carry an extra key, just to be on the safe side."라고 말했다.

"just to be on the safe side"란 「만일을 대비해서」라는 의미의 숙어이다. 그러니까 그 친구가 한 말은 「만일의 경우에 대비하여 여분의 키를 가지고 다니니 걱정 말라.」는 뜻이었다.

"I'll take an umbrella, just to be on the safe side." 라고 하면 「비가 올 경우를 생각해 우산을 가지고 가겠다.」라는 말이 되고, "I always make a reservation before I go to a restaurant, just to be on the safe side."라고 하면 「만약에 대비해서 식당에 가기 전에 항상 예약을 한다.」라는 의미가 된다. 「만일에 대비하여 내 서신을 모두 복사해 둔다.」

라고 한다면 "I make copies of all my letters, just to be on the safe side."라고 말하면 된다.

  'just to'를 발음할 때는 [쟈스트 투]라고 할 필요 없이 두 개의 't'를 연음시켜 [쟈스터]로 발음하면 된다.

💬 Dialogue

A Hey, don't forget to take your umbrella.
저기, 우산 챙기는 거 잊지 마.

B The sky is clear and I don't see any sign of rain.
하늘이 맑아서 비가 올 기미가 안 보이는데.

A I saw the weather forecast today. It might rain!
오늘 일기예보를 봤어. 비가 올지도 몰라!

B Really? I wasn't aware of that.
정말? 그건 몰랐네.

A **Yes, take it, just to be on the safe side.**
응, 혹시 모르니까 가져가.

B Thanks for letting me know.
알려 줘서 고마워.

📖 Let's Learn

clear 맑다

sign of 기미

E.g., A shooting star is considered a sign of good luck.
별똥별은 행운의 징조로 여겨진다.

weather forecast 일기예보

aware 알고 있다

E.g., I am aware of the possible dangers.
나는 위험 가능성을 알고 있다.

24 한국인들은 이름을 빨간색으로 쓰지 않아요

Koreans do not Write Names in Red

프랑크푸르트 서적 박람회(Frankfurt Book Fair)는 세계적으로 잘 알려진 도서 전시전이다. 내가 수년 전 프랑크푸르트 서적 박람회에 참석했을 때의 일이다. 체크인을 마치고 호텔 방에 들어섰는데, TV 화면에 내 이름이 들어간 환영 메시지가 띄워져 있었다. 그런데 자세히 들여다보니 이름이 빨간색으로 쓰여 있었다.

나는 바로 프런트에 전화를 걸어 매니저를 찾았다. 잠시 후 매니저가 "How may I help you?" 「어떻게 도와드릴까요?」라고 물어보았다. 그래서, 한국에서는 이름을 빨간색으로 쓰지 않으니 다른 색깔로 바꿔 달라고 요청했다. 지배인은 "I'm sorry, we'll have it changed right away." 「죄송합니다. 바로 변경해 드리겠습니다.」라고 한 후 다른 색으로 교체해 줬다.

살아 있는 사람의 이름을 빨간색으로 쓰지 않는 건 한국 사람들의 독특한 문화이다. 이 미신을 믿는 모습은 캐나다 시트콤 〈김씨네 편의점〉에서도 다룰 정도다. 중국 사람들도 이름을 쓸 때 붉은색을 사용하지 않는데, 이는 황제만이 붉은색으로 서명할 수 있었기에 황제 외에는 빨간색을 쓰지 말라는 의미에서 나온 습관이라 전해지고 있다.

한국에서 근무하는 외국인 영어교사들이 수업 시간에 학생들의 이름을 빨간색으로 종종 쓰곤 한다. 이는 한국 문화를 알지 못하기 때문일 뿐이다. 사람 이름을 다양한 색깔로 적는 나라들이 있지만 한국에서는 이름을 빨간색으로 적지 않는다는 것을 알려 주는 것이 좋다.

「빨간색으로 쓰였다.」는 "written in red"이다. 「한국인들은 이름을 빨간색으로 쓰지 않는다.」라고 알려 줄 때는 "Koreans do not write names in red."라고 한다. 「교사가 실수로 학생의 이름을 빨간색으로 썼다.」는 "The teacher mistakenly wrote the student's name in red.", 「하단에 당신 이름을 검정색으로 써 주세요.」는 "Please write your name in black at the bottom."이라고 하면 된다.

💬 Dialogue

A May I help you?
　어떻게 도와드릴까요?

B Yes, I just got to my room and saw my name in red.
　지금 막 방에 들어왔는데 내 이름이 빨간색으로 쓰여 있습니다.

A Oh, that's a welcoming message.
　오, 그것은 환영 메시지입니다.

B **But in Korea, we don't write names in red.**
　그렇지만 한국에서는 이름을 빨간색으로는 쓰지 않습니다.

A Really? Why is that?
　정말요? 왜죠?

B We write names in red only after someone is deceased.
　돌아가신 분의 성함에 한정해서만 빨간색으로 쓰니까요.

📖 Let's Learn

book fair 도서 박람회

in red 빨간색으로

welcoming message 환영 인사(메시지)

deceased 돌아가신

E.g., Let's pay a silent tribute to the deceased.
망자를 위해 묵념합시다.

25 그가 내 인생의 여정을 만들어 주었다
He Shaped my Journey

 2022년 3월, 나는 모교인 노던일리노이 대학교(Northern Illinois University, NIU)로부터 인터뷰 요청 이메일을 받고 바로 승낙했다. 내가 중요 인터뷰를 거절하지 않는 이유는 이런 인터뷰를 통해서 내 자신의 삶을 기록할 수 있기 때문이다. 사실 NIU는 내 인생 여정에 많은 영향을 주었다. 그중에서도 내 지도 교수였던 리처드 오렘(Richard Orem) 박사는 NIU 시절에 나에게 가장 큰 영향을 끼친 분이었다. Orem 박사에게 감사하게 생각하는 것 중에 하나는 기말고사가 끝나는 날, 석사과정을 마친 날과 박사과정을 통과했을 때처럼 의미 있는 날에는 본인 집이나 학교 근처 식당에 나를 초대해 축하의 말과 함께 격려를 해 주었다는 점이다.

 NIU는 나에게 전통적인 상아탑을 넘어선 범지구적인 시야를 갖게 해 주었고, 새로운 가능성과 도전정신을 심어 주었다. Orem 교수와 나는, 내가 박사학위 취득 이후에 펼쳐질 첨단 미래에 대해 끊임없이 논쟁을 펼쳤다. 그리고 나는 현재 대학에서 학생들에게 메타버스 창업을 가르치고 있다.

「인생 여정의 궤적을 만들다」를 영어로는 "to shape the journey of life"라고 하면 되고, 「그는 내 인생 여정의 궤적을 만들어 주었다.」는 "He shaped the journey of my life."라고 하면 된다. 「그의 조언은 내 인생 여정의 궤적을 만들어 주었다.」는 "His advice shaped the journey of my life."라고 표현한다.

NIU 인터뷰

💬 Dialogue

A Do you remember Dr. Rick Orem?
릭 오렘 박사님 기억나니?

B Of course, I do. He was my doctoral advisor.
물론이지. 그분은 내 박사 과정 지도 교수님이셨어.

A Wow, I met him the other day.
와우, 나 며칠 전에 그분을 만났거든.

B Really? **His advice shaped my journey.**
정말? **그분의 조언이 내 인생 여정의 궤적을 만들어 주었어.**

A Same here. I am in AI now, thanks to him.
나도 마찬가지야. 내가 지금 AI 분야에 있는 것도 그분 덕분인걸.

B Wish you all the luck, mate!
행운을 빌어, 친구!

📖 Let's Learn

the other day 요전날

same here 내 것도 그랬어

thanks to~ 누구의 덕택으로
E.g., I finally succeeded, thanks to your advice.
당신 덕분에 결국 제가 성공했어요.

mate 짝, 친구

Every instance is shaping
your life journey in countless ways.

**매 순간순간은 모여서
수많은 모양으로
당신의 인생 여정을 빚어 나간다.**

26 누워서 떡 먹기야
It's a Piece of Cake

한 학생에게 「누워서 떡 먹기처럼 쉽다.」를 영어로 옮겨 보라고 했더니 "It's just like eating a Korean cake in bed."라고 말했던 것이 기억난다. 같은 표현으로 「식은 죽 먹기」라는 말도 있으나 둘 다 「몹시 쉽다.」라는 뜻이다. 그 학생이 농담으로 한 말인지 아니면 본인의 영어 실력을 십분 발휘한 것인지는 잘 모르겠지만, 영어 표현은 우리말을 그대로 직역하려 들면 틀리기 십상이다. 표현 자체를 그대로 외우는 수밖에 별도리가 없다.

「누워서 떡 먹기」에 해당하는 표현은 "It's a piece of cake." 혹은 줄여서 "A piece of cake."라고 하는데, 이 말은 「한 조각의 케이크를 먹는 것처럼 쉽다.」는 의미이다. 한번은 잘 아는 미국인 친구를 한국 식당에 초대한 자리에서 "Do you know how to use chopsticks?" 「젓가락을 사용할 줄 아세요?」라고 물어보았더니, "It's a piece of cake." 「식은 죽 먹기지.」라고 하면서 젓가락질을 능숙하게 해내는 것을 보았다.

참고로 한국 생활이 오래된 외국인에게는 이런 질문은 삼가는 것이 좋다. 왜냐하면 한 외국인 친구가 내게 이렇게 말했기 때문이다. "I don't like people asking me if I can use chopsticks. I've been here over 5 years and it's a cinch."「한국에 온 지 5년째라 젓가락질쯤이야 도산데, 이런 질문을 받는 것에 기분이 상한다.」

"Was the exam hard?"「시험이 어려웠니?」라고 묻는 사람에게는 "아니, 아주 쉬웠어." 「No, it was a piece of cake.」라고 하면 될 것이고, "I don't know how to text others."「사람들에게 문자 보내는 법을 몰라.」라는 사람에게는 "It's a piece of cake to learn."「아주 쉽게 배울 수 있어.」라고 대답하면 될 것이다.

「아주 쉽다.」라는 말의 다른 표현으로는 "It's a cinch."나 "It's a snap." 혹은 "It's very easy."가 있다.「너무 쉬워서 어린애도 해낼 수 있다.」에 꼭 들어맞는 영어 표현으로는 "It's so easy. A child could do it."이 있다.

💬 Dialogue

A Jerry, are you taking Business Creativity this semester?
제리, 이번 학기에 비즈니스 크리에이티비티 강의를 수강하니?

B Yes, I have Dr. Smith as my professor.
응, 스미스 박사님이 담당 교수님이셔.

A How is he as a professor?
강의를 잘하시니?

B He's very enthusiastic and a great professor.
매우 열정적이고 훌륭한 교수님이시지.

A How are his exams?
시험은 어때?

B **They're a piece of cake.**
누워서 떡 먹기인 수준이야.

📖 Let's Learn

cinch 아주 쉬운 일

E.g., Cooking Korean food is just a cinch!
한식을 요리하는 것은 아주 쉬워요!

snap 쉬운, 누워 떡 먹기, 식은 죽 먹기

E.g., It's a snap, a child could do this.
이건 식은 죽 먹기야, 어린아이도 할 수 있어.

Business Creativity 경영 창의성, 비즈니스 창의성

27 갑자기 생각이 떠올랐다
An Idea Popped into my Mind

　2007년 1월, 나는 집에서 TV 뉴스를 보던 중 우연히 어느 유명 여가수가 악플 때문에 세상을 떠났다는 보도를 접했다. 그녀는 자신에게 달린 악플에 시달리다 고귀한 생명을 버린 것이다. 이 뉴스를 접하고 나서 우선 무언가를 해야겠다는 생각을 하고 내가 바로 할 수 있는 일이 무엇일지를 고심했다. 그리고 먼저 인터넷 세대인 제자들에게 과제를 내 주기로 마음먹었다.

　3월 학기가 시작되자마자 나는 학생들에게 숙제를 내 주었다. 학생 1명당 악플로 고통받고 있는 유명인 10명의 사이트나 블로그를 방문하고, 악플을 단 악플러들에게는 왜 그 글이 잘못되었는지를 설명해 주고, 악플로 고통받는 연예인들에게는 용기와 희망을 주는 선플을 달아 주라는 과제였다. 그러고 나서 일주일 만에 인터넷상에 5,700개의 아름다운 선플이 달렸다.

　한 가지 중요한 사실은 제자들이 이 과정을 통해 악플이 사람을 괴롭히고, 영혼을 파괴하고 심지어는 생명을 빼앗을 수 있다는 것을 깨닫게 되었고, 거꾸로 선플이 생명을 구할 수도 있다는 것을 알게 되었다는 사실이다. 여기에 큰 울림을 받은 나는 본격적으로 선플 달기 운동을 전개해야겠다는 생각이 떠올랐다. 선플운동은 이렇게 우연히 본 TV 뉴스 기사로부터 시작되었고, 나는 지금까지 만 16년째 선플운동을 하고 있다.

「내게 갑자기 생각이 떠올랐다.」를 영어로 "An idea popped into my mind."라고 한다. 'pop into mind/head'란 갑자기 떠오르는 아이디어를 말한다. 「그는 갑자기 떠오른 아이디어들을 적기 시작했다.」는 "He jotted down the ideas that popped into his mind." 예를 들어 회의할 때 어떤 좋은 아이디어가 생각나면, "Can I please share an idea that just popped into my mind?" 「갑자기 생각난 아이디어를 공유해도 될까요?」라고 하면 된다.

선플운동 웹사이트

💬 Dialogue

A Have you thought about the marketing ideas?
마케팅 아이디어에 대해 생각해 보셨나요?

B Sure, are they to promote our latest product?
그럼요. 우리 신제품을 홍보하기 위한 마케팅인가요?

A That's right, we are trying to reach a global audience.
맞아요. 세계 시장으로 뻗어 나가려고 노력하고 있어요.

B **Oh, an idea just popped into my mind.**
오, 갑자기 아이디어가 떠올랐어요.

A What's that?
어떤 것이죠?

B I think we should use Instagram marketing.
인스타그램 마케팅을 활용하면 좋을 것 같아요.

📖 Let's Learn

latest 최근의, 최신의

E.g., Wow, the latest version of cell phone is now out!
와우, 최신형 휴대폰이 출시되었다!

globally 세계적으로

Instagram marketing 인스타그램 마케팅(인스타그램을 통해 제품을 홍보 및 판매하는 것)

28 이 일을 시작하게 된 동기가 뭔가요?
What Motivated you to Begin this?

    2007년 9월 28일, CNN의 사샤 월렉(Sasha Walek) 선임 프로듀서로부터 내게 인터뷰를 요청하는 이메일이 들어왔다. "한국에서의 사이버 폭력의 현상과 이를 멈추게 하는 방안"에 대한 인터뷰를 하고 싶다는 내용이었다. 내가 그동안 악플 추방 캠페인인 선플운동을 하면서 국내언론과 영자 신문에 동시에 보도를 낸 것이 CNN과 연결된 것이다.

    사실 CNN과는 처음 해 보는 인터뷰인 데다가, 심지어 생방송인지라 인터뷰를 할지를 한참 망설이다 결국 수락을 했다. 드디어 10월 17일, 아침 8시, 서울 시청 앞에 도착했다. CNN 간판 앵커인 크리스티 루 스타우트(Kristie Lu Stout)와 촬영팀이 나를 반갑게 맞아 주었다. 크리스티는 대단한 미인이었다. 키가 엄청나게 컸는데, 거기에다 아주 높은 하이힐을 신고 있었다. 카메라 앵글이 그녀를 중심으로 돌아가고 있어서 상대적으로 내가 왜소해 보였다. 그렇다고 앵글을 바꾸어 달라고 할 수도 없는 상황이어서 그대로 진행하게 되었다. 인터뷰

중에 크리스티는 "What motivated you to begin this?"라고 물었다.

"to motivate someone"은 「~에게 동기를 주다」라는 의미로 일상 회화에 자주 나오는 표현이다. 그의 질문은 「내가 선플운동을 하게 된 동기가 무엇인지?」를 묻는 것이었다. 「그가 내가 이 일을 하는 데 동기를 불러일으켜 주었다」라고 할 때는 "He motivated me to do this work."라고 하면 된다.

이날 크리스티 루 스타우트와의 생방송 인터뷰는 성공적으로 이루어졌으며, 전 세계 수백만 명의 CNN 시청자들에게 한국에서 태동된 선플운동을 알리는 계기가 되었다.

💬 Dialogue

A How is your work at Yoon's company?
윤의 회사에서 일하는 건 어떤가요?

B It is very good. I'm looking forward to our upcoming projects.
아주 마음에 들어요. 다음 프로젝트들이 기대돼요.

A Are you working on any new projects?
진행하고 있는 새로운 프로젝트가 있나요?

B Oh yeah, we are launching soon in Seoul.
네. 서울에서 곧 런칭할 예정이에요.

A Awesome. **What motivated you to begin this?**
멋지네요. **이 일을 시작하게 된 동기는 무엇인가요?**

B We just want to reach out to more people.
저희는 단지 더 많은 사람들에게 다가가고 싶어서요.

📖 Let's Learn

look forward to 기대하다

launch 시작하다

E.g., We launched a project to help multicultural families in Korea.
우리는 한국에 있는 다문화 가족을 돕는 프로젝트를 시작했다.

reach out ~와 접촉하려고 하다

E.g., You can reach out to me whenever!
언제든지 내게 연락해도 돼!

> **All you need to start something big is motivation and passion.**
>
> **큰일을 시작하기 전 준비물은
> 동기부여와 열정이면 충분하다.**

29 어떻게 하면 제가 CNN에 나올 수 있나요?
How can I be on CNN?

CNN과의 인터뷰를 끝낸 후, 나는 학기마다 내 강의 오리엔테이션에 들어온 학생들에게 내가 크리스티 루 스타우트(Kristie Lu Stout)와 가졌던 CNN 생방송 인터뷰 영상을 보여 준다. 그리고 학생들에게 이 자리에 있는 누구든지 CNN에 출연할 수 있다. 「어떻게 하면 CNN에 출연할 수 있을까?」 "How can you be on CNN?"이라고 질문을 던진다. 한 학생은 "영어를 잘해야 가능하다.", 어느 짓궂은 학생은 "대형 사고를 치면 된다." 등 갖가지 의견을 내놓았다.

나는 이렇게 말한다. "첫째, 다른 사람이 생각하지 못하는 혁신적인 아이디어를 내놔야 하고, 둘째, 이 아이디어는 내가 아닌 다른 사람들을 위한 것이어야 한다. 셋째, 끊임없이 창의적인 방법으로 그 일을 세상에 알리는 것이다. 그러면 누구나 CNN에 나올 수 있다."라고. 그렇다. 아무도 생각하지 못하는 창의적인 아이디어를 만들어 내고, 그것이 내 자신이 아닌 사회를 위한 것이라면 CNN뿐 아니라 세상의 모든 언론에서 앞

다투어 다루려 할 것이다.

내가 CNN에 나온 이유는 당시에 내가 인터넷상에서 악플 추방을 위한 캠페인을 최초로 시작한 사람이었기 때문이었을 것이다. 이번에 유퀴즈에 출연하게 된 것도 16년 동안 꾸준히 봉사활동으로 선플운동을 해 왔고, 이제 선플운동에 대해 아는 사람들이 많아졌기 때문일 것이라고 생각한다.

「어떻게 하면 제가 TV에 나올 수 있나요?」는 "How can I be on TV?"라고 하고, 「어떻게 하면 제가 CNN에 나올 수 있나요?」는 "How can I be on CNN?"이라고 하면 된다.

🗨 Dialogue

A Did you watch my interview on CNN?
제가 나온 CNN 인터뷰를 보셨어요?

B Yes, I did. **But how can you be on CNN?**
봤습니다. **그런데 어떻게 하면 CNN에 출연할 수 있는지요?**

A What do you mean?
무슨 말씀이시죠?

B I mean how do you get on such a big platform?
어떻게 하면 그렇게 큰 방송 플랫폼에 출연할 수 있는지 궁금해서 말입니다.

A Oh, I invented the Sunfull movement that counters cyberbullying and hate speech on the internet.
아, 제가 인터넷상에서 악플과 혐오 표현에 대응하는 선플운동을 만들었거든요.

B Wow. That's an innovative idea.
와, 정말 혁신적인 아이디어네요.

📖 Let's Learn

promo 프로모션, 판촉활동을 하다

E.g., Did you see their latest promo?
그들의 최신 광고를 보았니?

platform 플랫폼, 강단

movement 운동

E.g., The Sunfull movement was very successful.
선플운동은 매우 성공적이었습니다.

30 왜 악플을 다나요?
Why do People Post Bad Comments?

유재석 씨가 악플 다는 사람들의 심리를 물어 왔다. 악플이란 '악'(惡)과 영어의 'reply'가 합쳐진 말로, 고의적으로 악의를 갖고 타인을 비방할 목적으로 작성한 댓글을 의미한다. 악플러들이 악플을 다는 이유는 의외로 단순하다. 상대방을 공격해야 유명인의 관심을 끌 수 있고, 악플을 달아야 자신의 자존감을 높인다고 잘못 생각하는 것이다. 또한, 악플러들은 대개 자존감(self-esteem)이 낮다는 공통점을 가지고 있다. 악플러들은 익명성 뒤에 숨어서, 연예인이나 스포츠 선수 등 잘 알려진 사람들에게 악플을 달거나 험담으로 비난하고 깔보면서 자신이 그 사람들보다 낫다는 우월감을 느낀다고 한다.

악플을 단 사람 중에서 심한 사람은 바로 재판에 넘겨지지만, 그 정도가 심하지 않은 사람 중 그대로 훈방할 수 없는 사람들을 대상으로 법무부 보호관찰소에서 4시간의 선플교육을 받을 경우 기소를 유예해 주고 있다. 한번은 검거된 악플러들을 대상으로 보호관찰소에서 내가 선플교육을 했을 때의 일이다. 한 교육생에게 "당신이 단 악플을 한번 읽어 보세요."라고 했더니, 그 사람은 자신이 쓴 악플을 울먹거리며 읽다가 이렇게 말했다. "정말 잘못했습니다. 반성합니다."

악플러들에게는 자신의 잘못된 점을 분명히 인식시킬 필요가 있다. 무심결에 그리고 장난삼아 다는 한 줄의 악플이 상대방에게 심대한 고통을 주고, 심지어는 영혼까지 파괴하여 이로 인해 소중한 생명들이 세상을 떠나고 있다. 악플은 절대로 달아서는 안 된다.

녹화 중 유재석 씨가 단호한 목소리로 이렇게 말했다. "과거에는 연예인들이 '무플보다는 악플이 낫다.'는 말을 하기도 했지만 이제는 정확하게 말씀드릴 수 있습니다. 사실이 아닌데도 불구하고 맹목적으로 비난하는 악플은 필요 없습니다. 차라리 무플이 낫죠". 국민 MC로 불리는 그에게도 왜 악플이 없겠는가. 이제는 악플을 대하는 연예인들의 대응이 바뀌고 있다. 그들의 강경한 목소리에 선플운동을 처음으로 만든 사람으로서 큰 박수를 보낸다.

「사람들이 왜 악플을 다나요?」를 영어로 해 보면 "Why do people write bad comments?"이고, 「인터넷상에서 악플을 달아서는 안 됩니다.」는 "People shouldn't post bad comments on the internet."이라고 하면 된다.

💬 Dialogue

A Hey Sarah, do you use social media?
사라, 너는 소셜 미디어를 사용하니?

B No, I never do.
아니, 나는 절대 안 해.

A Really? That's odd. Why?
정말? 이상하네. 어째서?

B Too many people post bad comments.
너무 많은 사람들이 악플을 달잖아.

A I agree, **why do people post such comments?**
맞아. **사람들은 왜 그런 댓글을 다는 걸까?**

B Perhaps it's a lack of self-esteem.
자존감이 부족해서일지도 몰라.

📖 Let's Learn

odd 이상하다

post 올리다

E.g., Let's post good comments on social media.
소셜 미디어에 선플을 달아요.

bad comments 악의적인 댓글(malicious comments라고도 한다)

self-esteem 자존감

E.g., He has low self-esteem.

그는 자존감이 낮다.

당신의 좋은 댓글 하나가
생명을 구할 수 있어요
Your one Good Comment can Save a Life

   하루는 선플재단 직원이 양파 한 자루를 들고 왔다. 투명 플라스틱 컵에 물을 담아 양파를 키우면서 식물도 좋은 말과 나쁜 말의 영향을 받는지를 실험해 보겠다고 했다. 나는 양파도 좋은 말과 나쁜 말에 영향을 받는지 궁금해졌다. 그는 두 개의 투명 커피 컵에 똑같이 양파를 심고 한 컵에는 매일같이 좋은 말을, 다른 컵에는 부정적인 말을 했다.
   "착하다", "예쁘다", "사랑스럽다" 등의 좋은 말을 들은 양파에서는 보기만 해도 푸른 싹이 먼저 텄고, 싱싱하게 자라기 시작했다. 반면에 "나쁘다", "못생겼다", "밉다" 등의 부정적인 말을 들은 양파는 싹도 늦게 나오고 잎도 점점 누런색으로 변해 갔다. 시간이 갈수록 두 양파의 차이는 커지더니 급기야 착한 말만 들은 양파의 싹이 나쁜 말만 들은 양파의 싹보다 두 배 이상으로 길게 자라났다. 문득 플로리다의 어느 미국인 집에 갔을 때, 그 집 주인이 집 안에 있는 식물들에게 클래식 같은 좋은 음악들을 들려주면 식물들이 더 잘 자란다고 했던 말이 생각난다.

　미국에서 여자친구와 헤어진 한 고등학생이 소셜 미디어에 더는 살고 싶지 않다는 글을 올렸다. 그러자 많은 네티즌들이 이 학생을 비난하는 글을 올렸다. 그중에는 자살을 방조하는 글들도 이어졌다. 여기에 더욱 상처를 입은 이 학생은 건물 옥상에서 뛰어내릴 생각을 하고 있었다. 그러자 이번에는 응원의 댓글들이 올라왔다. "힘내", "절대로 뛰어내리면 안 돼", "너는 정말 멋진 애야. 좋은 여자친구를 금방 만날 거야." 등의 댓글들을 보고 그 학생은 마음을 바꾸게 되었다. 이렇게 한마디의 응원 댓글이 생명을 살릴 수도 있다.

　「당신의 긍정의 한마디가 생명을 살릴 수 있다.」를 영어로는 "Your one good comment can save a life.", 「당신의 칭찬이 식물을 자라게 한다.」는 "Your kind words can help your plants grow."라고 하면 된다.

💬 Dialogue

A Did you hear about the new internet peace campaign?
새로운 인터넷 평화 운동에 대해 들어 보았니?

B Yes, I think it's a great initiative.
응. 훌륭한 이니셔티브라고 생각해.

A I think we all need to post good comments daily.
우리 모두 매일 좋은 댓글을 올려야 할 것 같아.

B Yes, **one good comment can save a life.**
맞아. **좋은 댓글 한 줄이 생명을 구할 수도 있잖아.**

A I second that. I'll encourage my peers to do it too.
동감해. 내 친구들도 참여할 수 있도록 독려하려고.

B Likewise, thank you for reminding me.
나도 그래야겠어. 상기시켜 줘서 고마워.

📖 Let's Learn

initiative 계획, 주도권

E.g., He likes to take initiative with his team.
그는 자기 팀에서 주도권을 갖는 것을 좋아한다.

second that 찬성이다

peers 동료들, 또래들

likewise 마찬가지로

32 나는 그것에서 영감을 받았어요
I was Inspired by that

    2018 평창 동계올림픽을 두 달여 앞두고 한반도는 북미 정상 간의 「증오의 말폭탄」 "words of bomb"으로 인해 긴장 상태에 휩싸여 있었다. 당시 미 트럼프 대통령과 북한 김정은 국무위원장은 서로 「내 핵 버튼이 더 크고 막강하다.」 "My nuclear button is bigger and more powerful."이라며 긴장을 고조시켰고, 이러다 한반도에 전쟁이 날 수도 있겠다는 두려운 생각마저 갖는 사람들도 있었다.

    나는 당시 한 국회의원과 강원도지사와 함께 노벨 평화상 수상자를 초청하여 DMZ에서 '한반도 평화를 기원하고 북한 선수단의 평창 동계올림픽 참가를 촉구하는 평창평화선언식'을 개최했다. 이 선언식과는 관련이 없겠으나, 이후 북한 선수단이 평창 올림픽에 참가하였다.

    당시 10년째 인터넷상에서 악플과 혐오 표현을 추방하고 인권을 보호하자는 선플운동 캠페인을 펼쳐 오던 나는 「이 평화선언행사로부터 큰 영감을 받았다.」 "I was inspired by the Peace Statement event." 그리고 선플운동은 인터넷상에서 펼치는 평화 운동이라는 것을 깨닫게 되었다. 나아가 인터넷 평화상을 만들어야겠다는 생각에 먼저 구글 등에서 이런 상이 존재하는지를 검색해 보았다. 다행히 노벨 평화상을 비롯하여 많은 평화상들이 있었지만 내가 생각하는 인터넷 평화상은 없었다.

나는 2018년 4월, '인권 및 세계 평화 기여'를 목표로 세계 최초의 '인터넷 평화상(Internet Peace Prize)'을 제정하였다. 당시에 일본 우익 단체들이 일본에 거주하는 한국인을 포함한 외국인에 대한 '헤이트 스피치'(Hate Speech) 데모를 격렬하게 벌이고 있었고, 한국의 많은 언론에서도 이에 대한 우려의 목소리가 나왔다. 인터넷 평화상 위원회에서는 '헤이트 스피치' 데모를 온몸으로 막아 온 일본 165개 인권단체로 구성된, "헤이트 스피치를 용서하지 않는 가와사키 시민 네트워크"와 인터넷 에티켓 전도사인 일본의 "오기소 켄(Ken Ogiso)"에게 제1회 인터넷 평화상을 수여했다.

"I was inspired by~"란 「~로부터 영감을 받았다」는 뜻이다. 예를 들어, "I was inspired by his passion." 「나는 그의 열정에 영감을 받았다.」 또는 "I was inspired by the movie." 「나는 그 영화에서 영감을 받았다.」라고 하면 된다.

인터넷 평화상 웹사이트

💬 Dialogue

A Did you read Nelson Mandela's biography?
　넬슨 만델라의 일대기를 읽어 보았니?

B I did. It made me a bit emotional.
　응, 읽고 감동받았어.

A **I was inspired by it, too.**
　나도 거기서 영감을 받았어.

B His words gave me hope for a better future.
　그가 한 말은 내게 더 나은 미래에 대한 희망을 줬어.

A Without a doubt, I always look up to him.
　의심할 여지 없이, 나는 항상 그를 존경해.

B We really need more leaders like him.
　우리에겐 정말 그와 같은 지도자가 더 필요해.

📖 Let's Learn

biography 전기, 일대기

E.g., His life biography is very inspiring.
그의 일대기는 매우 감동적이다.

emotional 감정의, 감동을 받다

E.g., The story of her life made me so emotional.
그녀의 삶에 대한 이야기는 나를 매우 감동적으로 만들었다.

look up to someone 누군가를 존경하다

E.g., I always look up to him for his wisdom and kindness.
나는 항상 그의 지혜와 친절함을 존경한다.

Our greatest strength lies in peace,
not war.

**우리의 가장 큰 힘은 전쟁이 아닌,
평화에 있다.**

33 재윤아 일어나!
Wake up Jaeyoon!

선플운동 참여 학교인 대전 우송중학교 학생들이 강원도로 수학여행을 떠났다. 그런데 41명의 학생을 태운 버스가 브레이크 고장을 일으켜 절벽 아래로 추락하고 말았다. 안전벨트를 매라는 선생님의 외침 덕분에 버스에 타고 있던 학생 대부분은 가벼운 부상만 입었다. 그러나 불행히도 임재윤 군이 머리를 심하게 부딪혀 의식을 잃었고, 인공호흡기에 의지한 채 깨어나지 못하고 중환자실에서 치료를 받게 되었다. 임 군의 수술을 집도한 의료진은 "임 군이 생존할 가능성은 1%밖에 되지 않는다."라며, 어머니에게 "마음의 준비를 하시라."라는 말을 전했다.

그러나 가족과 학교 친구들은 임 군을 포기하지 않고 학교 홈페이지에 임 군의 쾌유를 비는 '선플'을 달았다. 임 군의 빠른 회복을 기원하는 '선플'이 하루에도 수없이 올라왔고, 친구들은 학우들이 적은 '선플'을 보드에 적어 병실로 찾아가 직접 읽어 줬다. 나는 임 군의 담임선생님 그리고 학생들과 함께 임 군이 입원한 병원을 찾아 어머니를 위로하고 그의 쾌유를 기원했다. 그 후 임 군은 스스로 호흡을 하고, 친구들이 찾아오면 마치 알아보는 듯 눈을 깜빡이거나 반응하기 시작했다. 임 군을 치료했던 의료진은 "생존 가능성 1%에 불과했던 소년을 친구들의 선플이 살렸다."라고 말했다. 안타깝게도 지금까지 수년 동안 임 군은 깨어나지는 못하고 있지만 사람들의 말소리를 알아듣는 듯하고 소리를 내어 기분을 표시하는 등 반응을 하고 있다. 선플재단의 홈페이지에는 지금까지 "힘내라 재윤아.", "일어날 수 있어.", "포기하지 마." 등 임 군의 쾌유를 기원하는 선플들이 지속적으로 달리고 있다.

당시 임 군의 담임선생님은 "재윤이의 상태가 호전되고 있는 것은 '선플'의 힘"이라고 말하며, "한 가지 놀라운 사실은 학생들이 재윤이를 위한 선플을 다는 동안 학교 내에서 악플이 사라진 것."이라고 했다. 재윤이를 위해 선플운동을 하는 과정에서 학생들 스스로가 악플의 폐해와 선플의 필요성을 깨달았던 것이다. 부디 임 군에게 기적이 일어나기를 기도한다.

'wake up'은 일어나라는 뜻이므로 「재윤아, 일어나!」는 "Wake up! Jaeyoon."이라고 하면 되고, 「포기하지 마!」는 "Don't give up!"이라고 표현한다.

임재윤 군 영상

💬 Dialogue

A How's your training going?
훈련은 잘되어 가니?

B I don't think I can keep going. It's too hard.
계속할 수 없을 것 같아. 너무 힘들어.

A You've already come so far. **Don't give up!**
넌 벌써 여기까지 왔잖아. **그냥 포기하지는 마!**

B You're right. I won't give up just yet.
네 말이 맞아. 아직 포기하지 않을 거야.

A Keep the faith, you can do it.
신념을 지켜. 넌 할 수 있어.

B Thank you, I needed motivation.
고마워. 나에겐 동기부여가 필요했어.

📖 Let's Learn

training 훈련

keep going 계속하다

E.g., It must be hard, but you should keep going!
힘들겠지만 너는 계속해야 해!

come so far [여기까지] 잘하다, 성공하다

keep the faith 신념을 지키다

34 그녀는 감동을 받았다
She was Touched

한국에서 4년째 유학 중인 니키가 내게 해 준 얘기이다. 한국 생활 동안 가장 기억에 남는 추억은 한국에서 맞은 그녀의 첫 번째 생일이었다고 한다. 니키는 집 근처인 안암역 근처 식당을 자주 이용했는데, 그 식당의 사장이 늘 친절하게 대해 주었다 한다. 한번은 니키가 생일날 친구와 함께 그 식당에 갔더니, 사장이 그날이 니키의 생일날인 것을 알고 음식을 덤으로 주었을 뿐만 아니라 생일 선물이라며 음식값도 받지 않았다는 것이다. 니키는 이 말을 전하면서, 내게 이렇게 말했다. "I was touched by him."

"be touched by (someone or something)"는 「누구 또는 어떤 것으로 인해 감동을 받았다.」라는 의미다. 그러니까 니키가 한 말은 「그 식당 주인의 친절한 행동에 감동받았다.」라는 뜻이다. 이 식당 사장의 아름다운 마음이 어렵게 유학 생활을 하는 니키에게 큰 감동을 주었던 것이다. "I was touched by his speech."라고 하면 「나는 그의 연설에 감동받았다.」, "I was touched by the movie." 하면 「나는 그 영화에 감동받았다.」는 말이고, 「그녀의 아름다운 마음에 감동받았다.」라고 하려면, "I was touched by her beautiful mind."라고 하면 된다.

💬 Dialogue

A Did you know our professor invited us all for lunch?
교수님이 우리 모두를 점심 식사에 초대하신 거 알고 있었어?

B Really? He's one great man!
정말? 멋진 분이시다!

A **I was so touched by his kind gesture.**
그의 친절한 행동에 정말 감동받았어.

B I am looking forward to his class next year.
내년에 그 교수님 수업을 들을 생각을 하니 기대돼.

A Be sure to enroll in time.
제때에 수강 신청하는 것 잊지 마.

B Yes, I heard they have a limited number of seats!
응, 수강 인원이 제한되어 있다고 들었어!

📖 Let's Learn

kind gesture 착한 제스처

enroll 등록하다
E.g., Many students enrolled in the metaverse course.
메타버스 과목에 많은 학생들이 등록했다.

limited seats 좌석이 제한된, 수강 인원이 제한된

**Your small act of kindness
can create a ripple effect.**

**당신이 베푼 작은 친절은 물결과 같아서
베풀수록 파도가 되어 상대방에게 밀려간다.**

35 당장 생각이 떠오르지 않아요
I can't Think of it off Hand

필자가 대학원 강좌를 듣던 때의 경험이다. 리포트 작성 중에 중요한 부분에서 생각이 떠오르지 않아 담당 교수에게 연락을 해야 할 일이 생겼다. 옆에 있던 반 친구에게 담당 교수님 휴대폰 번호를 아는지 물어보았더니 그 친구는 "I can't think of it off hand."라고 대답하였다.

이때 off hand는 「지금 당장에, 얼른」이라는 뜻이므로 「얼른 전화번호가 떠오르지 않는다.」란 얘기인 것이다. "I can't think of it off hand."는 「당장은 생각이 떠오르지 않는다.」라는 표현으로, 어떤 것을 즉시 기억할 수 없을 때 일반적으로 사용된다.

예컨대, 친구가 좋은 식당을 추천해 달라고 할 때 바로 생각이 나지 않아 「바로 생각이 안 떠오르는데, 알아보고 알려 줄게.」라고 하는 경우, "I can't think of it off hand, let me do some research and get back to you."라고 한다. "Do you know your social security number?"「당신의 사회보장 번호를 아세요?」라는 물음에「당장 생각이 떠오르지 않는다.」라고 할 때는 "I can't think of it off hand." 혹은 'off hand'를 앞에 써서 "Off hand, I can't think of it."라고 하면 된다.

🗨 Dialogue

A What's Jack's phone number?
잭의 전화번호가 몇 번이죠?

B **I can't think of it off hand.** Why?
당장 떠오르지는 않네요. 왜요?

A I have to see him before he leaves his office.
잭이 사무실을 떠나기 전에 그를 봐야 하거든요.

B Why don't you call his mother and get his number?
잭의 어머니께 전화드려서 전화번호를 알아보는 건 어때요?

A I tried, but no one answered.
시도해 봤지만, 아무도 전화를 안 받으시던데요.

B Did you look in the directory?
전화번호부는 찾아보셨나요?

📖 Let's Learn

social security number 사회 보장 번호

see someone 누구를 만나다
E.g., Is Tom seeing someone?
탐이 사귀는 사람 있어요?

answer 답장, 답변

directory 전화번호부

36 가망이 없어요
Chances are Slim

하루는 주말에 파트타임으로 우리집 뒤뜰에 있는 잔디를 깎으러 오는 고등학교 졸업반 Billy라는 미국인 학생에게 "What are your chances of getting into an Ivy League college?"라고 물어보았더니, "My chances are slim."이라고 대답하였다.

Ivy League란 Harvard, Yale, Princeton 등의 미 동부 명문 대학을 가리키는 말로, 오래된 대학 건물이 ivy(담쟁이 덩굴)로 덮여 있다고 해서 유래된 이름이라고 한다. 그러니까 내 질문은 「동부의 명문 대학에 진학할 확률이 얼마나 되는지?」를 묻는 말이었고, 이에 대해 Billy가 "My chances are slim."이라고 한 말은 자신이 「동부의 명문 대학에 진학할 확률은 거의 없다.」라는 뜻이었다.

여기서 chance란 「승산」, 「가능성」을 나타내는 것으로 「가능성이 많다.」는 "Chances are good."이라고 하며, 「승산이 어느 정도 있다.」는 "Chances are fair."라고 한다.

교통사고로 중상을 입은 환자의 보호자가 의사에게 "What are his chances?"라고 했다면 「그 사람의 생존 가망성이 어느 정도 되나요?」라는 말이고, 대답으로 "His chances are good."이라고 했다면 「생존 가망이 있다.」는 말이 된다. 만일 의사가 「그 환자는 살아날 가능성이 희박하다.」라고 말한다면 "His chances are slim."이라고 할 것이다.

💬 Dialogue

A What are your chances of getting into Harvard?
하버드 대학에 들어갈 가능성이 얼마나 되니?

B **My chances are slim.**
거의 불가능할 것 같아.

A I hear those Ivy League colleges are tough to get into.
그런 동부 명문 대학은 들어가기 어렵다고 들었어.

B I know. I'd have a better chance at a state university.
알고 있어. 주립 대학에는 좀 더 쉽게 들어갈 수 있을 것 같아.

A Well, state universities are good schools, too.
게다가 주립대도 좋은 대학이야.

B Indeed. I will apply to both.
물론이지. 두 곳 다 신청하겠어.

📖 Let's Learn

slim (성공 가망이) 희박한

get into 들어가다, 합격하다
E.g., How can I get into Stanford?
스탠포드에 어떻게 해야 들어갈 수 있나요?

chance 가능성, 확률

37 그는 아름다운 말 선플상을 수상했다
He Received Sunfull Good Words Awards

 어른들의 언어가 어린이들의 언어 형성에 큰 영향을 끼친다는 것은 명백한 사실이다. 청소년들의 언어는 부모가 사용하는 언어, 학교 선생님이 사용하는 언어, 방송에서 연예인들이 하는 언어들로부터 크게 영향을 받는다. 그중에는 언론에 자주 등장하는 정치인들도 포함된다. 그래서 나는 현역 국회의원들로부터 "다른 사람을 격려하고 배려하는 선플을 실천하고, 국민 화합과 통합의 정치를 이룩하기 위해 노력하겠다."라고 선언하는 선플 정치 선언문에 서명을 받기 시작했다.

 17대 국회부터 시작된 선플 서명 받기는 현재 21대 국회까지 이어지고 있다. 처음에는 참가 의원 숫자가 많지 않았으나 해를 거듭할수록 선플 서명에 동참하는 국회의원의 숫자가 늘어나더니, 2022년 9월에는 21대 국회의원 299명 중 100%인 299명이 선플 정치 선언문에 서명을 마치는, 믿기 어려운 일이 일어났다. 선플운동을 시작한 지 15년 만에 대한민국의 여야 모든 국회의원으로부터 서명을 받은 것이다. 또, 서명 의원들이 과연 의정 활동 시 좋은 언어를 사용하는지를 '청소년 선플 SNS 기자단' 학생들이 확인해 보기로 했다. 300명의 청소년 기자단 학생들로 구성된 '정치언어모니터단'으로 하여금 국회 회의록 사이트에서 1년 동안의 국회 회의록을 다운받아 분석하여, 순화 언어와 비순화 언어를 사용하는 국회의원들의 언어를 모니터링하게 한 것이다.

이를 근거로 선플 SNS 기자단 학생들이 매긴 점수를 자료 삼아 300명 국회의원 중 상위 10%인 30명 내외의 선플 실천 국회의원들을 선정하여 매년 '청소년이 선정한 아름다운 말 국회의원 선플상 시상식'을 9회째 개최해 오고 있다. 상은 어른들이 주는 것이 일반적인데 나는 청소년들이 의원들에게 직접 상을 수여하는 방식을 선택했다. 나는 선플상을 받은 국회의원들로부터 "우리 미래를 이끌어 갈 청소년들이 선정한 상을 받게 돼 더욱 의미 있게 생각한다.", "의정 활동 시 다시 한번 언행을 조심하고 국민들을 위한 법과 제도를 만드는 데 힘쓰겠다."라는 말을 들을 때 가장 보람을 느낀다.

「상을 수상하다」는 "receive award", 「그는 '아름다운 말 선플상'을 수상했다.」는 "He received Sunfull Good Words Awards."라고 한다. 「상을 시상하다」는 "award prize"라고 표현한다.

💬 Dialogue

A How did the Sunfull Good Words Awards Ceremony go yesterday?
　어제 선플상 시상식은 어땠나요?

B Everything went as planned.
　모든 게 계획대로 잘 되었어요.

A How many National Assembly members received awards?
　국회의원 몇 명이 수상했나요?

B **A total of 25 received awards.**
　모두 25명이 수상했습니다.

A Great, can you share the pictures please?
　잘됐네요. 사진 좀 보내 주시겠어요?

B Sure, they're on our official Instagram page.
　물론이죠. 우리 공식 인스타그램 페이지에 올라와 있어요.

📖 Let's Learn

as planned 계획대로

E.g., Everything worked out as planned.
모든 것이 계획대로 됐다.

National Assembly member 국회의원

E.g., All Korean National Assembly members (100%) from the ruling and opposition parties have signed the "National Assembly Member's Sunfull Political Declaration."

대한민국 여야 국회의원 100%가 국회의원 선플 선언문에 서명했다.

official 공식

38. 100명의 프로 보노 변호사
We have 100 Pro Bono Lawyers

코로나19 팬데믹을 거치면서 우리의 일상이 비대면에 더욱 익숙해지고, 소셜 미디어 등을 통한 인터넷 소통의 산물인 익명성의 가속화로 무차별적인 악플과 혐오 표현에 대한 피해가 더욱 심각해지고 있다. 이에 따라 막상 악플 공격을 받은 피해자들은 실제로는 어디에 호소해야 할지를 몰라 많은 어려움을 겪고 있다.

2017년 7월 18일, 나는 김현 대한변호사협회장을 만나 악플의 심각성을 전달하고 악플 피해자들을 위한 무료 온라인 법률상담이 가능한지를 협의하였다. 마침 변호사들은 일 년에 20시간의 공익활동에 참가할 것을 규정하는 "pro bono(공익봉사)" 제도가 있다고 해 어렵지 않게 협조를 구할 수 있었다. 대한변호사협회에서 악플 피해자들에게 공익봉사를 할 사람들을 모집한다는 공지가 나가자 순식간에 많은 변호사들이 신청을 해 주었다.

나는 바로 '공익봉사'를 하는 변호사 100명과 함께 '선플

SNS 인권위원회 홈페이지'를 개설하였다. 악플 피해로 인해 상담을 원하는 사람은 누구나 이 페이지에 접속해 온라인상에서 무료로 전문적인 법률상담을 받음으로써 상처를 치유하고 법적 대응을 하는 데 도움을 받을 수 있게 된 것이다.

 pro bono는 라틴어로 '대가를 받지 않고 전문적인 일로 봉사하는 것'을 말한다. 「사이버 폭력 피해자를 위한 공익적인 일」은 "pro bono work for the cyberbullying victims"라고 한다. 「무료 온라인 법률 서비스」는 "free online legal service"로 「100명의 프로 보노 변호사가 있다.」는 "We have one hundred pro bono lawyers."라고 하면 된다.

💬 Dialogue

A Cyberbullying is a serious problem in Korean society.
사이버 폭력은 한국 사회에서 심각한 문제예요.

B How serious is it?
얼마나 심각한가요?

A Many children are victims of malicious comments.
많은 어린이들이 악플의 피해자입니다.

B Can they get legal advice?
그들이 법률상담을 받을 수 있나요?

A **Yes, we have 100 pro bono lawyers.**
네, 공익을 목적으로 무료 법률 서비스를 제공하는 변호사 100명이 있거든요.

B That's a relief.
그것 참 다행이네요.

📖 Let's Learn

pro bono 전문적인 일로 봉사하는 것

cyberbullying 사이버 폭력

victims 피해자

legal advice 법률 자문

E.g., I need some legal advice for the cyberbullying case.
사이버 폭력 사건에 대한 법률 자문이 필요합니다.

39 대한민국은 다문화 사회이다
Korea is a Multicultural Society

 가수 싸이의 '강남스타일' 뮤직비디오에 출연해 '리틀 싸이'로 알려진 황 군은 다문화 가정 출신이라는 이유로 수많은 악성 댓글과 왕따에 시달려야 했다. 또 몇 년 전에는 다문화 가정에서 태어난 중학생을 초등학교 동창생들이 같은 동네의 한 아파트 옥상으로 불러내 집단 폭행한 뒤 추락사시킨 것으로 추정되는 사건이 발생했다. 인터넷상에서 익명성을 악용해 이뤄지는 혼혈이나 특정 지역 출신에 대한 혐오 발언, 악성 댓글, 그리고 왕따 등의 문제가 지속적으로 보도되고 있다.

 대한민국은 이미 다문화 사회이다. 5,100만 명 인구 중 외국인이 200만 명을 넘어섰고, 다문화 자녀들은 이미 20만 명이 넘어, 전체 대한민국 청소년 40명 중 한 명이 다문화 청소년인 시대에 살고 있다. 문제는 다문화 가정 자녀들이 학교폭력과 악플로 피해를 입은 경험이 더 많다는 점이다. 2019년 교육부 통계 자료에 의하면, 다문화 가정 학생의 학교 폭력 피해율은 8.2%로, 같은 해 전체 학생의 1.3%에 비해 월등히 높은 것으로 나타났다.

또, 외국인 등 사회적 약자들을 대상으로 한 혐오 표현이 매우 심각한 수준으로 증가하고 있다. 이러한 문제를 해결하기 위해 교육과 캠페인을 통해 인식을 개선함으로써, 혐오 표현과 악플을 추방하고 응원과 배려의 선플 언어를 장려함으로써 더불어 사는 사회를 만들어 가는 것이 바람직하다.

「다문화 가족」을 영어로는 "multicultural family"라고 하고, 「다문화 사회」는 "multicultural society"라고 한다. 「대한민국은 다문화 사회이다.」의 영어 표현은 "Korea is a multicultural society."이다.

다문화 가족과 주한 외국인 존중
K-Respect 캠페인 웹사이트

💬 Dialogue

A I went to Korea last week.
지난주에 한국에 갔었어.

B Oh wow, it's a great country.
와, 정말 멋진 나라지.

A I was surprised to see a lot of foreigners in Seoul.
서울에서 많은 외국인들을 봐서 놀랐어.

B Of course, **Korea is a multicultural society.**
물론이지. **한국은 다문화 사회거든.**

A Indeed, they are tech-geeks too.
맞아. 또 한국인들은 기술 마니아이기도 해.

B Agreed, I miss *kimchi*.
동의해. 김치가 그리워지네.

📖 Let's Learn

indeed 참으로, 정말

E.g., That's indeed a wise choice.
그것은 정말 현명한 선택이다.

tech-geek 기술 마니아, 기술에 관심이 많고 열정을 가진 사람

E.g., Ben is such a tech-geek!
벤은 정말 기술 마니아야!

miss 누군가/무엇인가를 그리워하다, 놓치다

E.g., I miss Korean food.

한국 음식이 먹고 싶다.

E.g., I just missed my train.

방금 기차를 놓쳤어.

40 존중은 당신과 함께 시작됩니다
Respect Starts with you

　코로나19 팬데믹 이후, 미국에서는 아시아계 시민을 겨냥한 '묻지 마 테러와 혐오 범죄'가 급증하였고 그중에는 한국 동포들이 공격을 당하는 사례들도 발생하였다. 급기야 조 바이든 미 대통령은 2021년 5월 20일 COVID-19 Hate Crimes Act(코로나19 증오범죄 금지 법안)에 서명하였고, 2022년 5월 31일 BTS를 백악관으로 초청하여 아시아계에 대한 혐오 범죄(Asian Hate)와 인종차별의 심각성을 발표하여 인터넷을 통해 전 인류에 경각심을 불러일으켰다.

　"존중"은 선플운동의 기본 철학이다. 인터넷상에서 다른 사람에게 새벽 2, 3시에 생각 없이 악플을 다는 것은 존중이 결여되었기 때문이다. 현재 재외 한국인 숫자가 750만 명에 이르고 있다. 나는 평소에 '우리 한국인이 외국에서 존중받기 위해서는 우리부터 한국에 살고 있는 다문화 가족과 외국인들을 존중할 필요가 있다.'는 생각을 갖고 있었다. 그리고 국회 외교통일위원장을 비롯한 몇몇 상임 위원장들을 직접 찾아가 취지를 설명하고 '다문화 가족과 재한 외국인을 존중하자.' 는 캠페인을 출범시키기로 하였다. 영문 슬로건을 "Respect for Multicultural Families and Ethnic Groups in Korea." 「재한 외국인과 다문화 가족을 존중합시다.」로 하되, 나는 약칭으로 'K-Respect 캠페인'이라고 정했다. K-Pop, K-Drama, K-Food처럼 'K-존중' 캠페인을 만든 것이다. 그리고 나는 곧바로 한국에 나와 있는 전 세계 국가의 대사들에게 초청장을 보냈다.

드디어 2023년 3월 27일, 국회 선플위원회와 함께 '다문화 가족과 외국인을 존중합시다' 캠페인 출범식을 갖게 되었다. 이 행사에는 25개국 대사들을 비롯, 대사가 참석이 어려운 대사관에서는 차석대사들이 참석하는 등, 모두 35개국 주한 외교 사절들이 함께한 가운데 성황리에 출범식을 갖게 되었다.

출범식 행사에 참석한 응우옌 부 뚱(Nguyen Vu Tung) 주한 베트남 대사는 이렇게 말했다. "This campaign will help Vietnamese adapt better and improve their lives here, and Vietnam will also respect Koreans residing in Vietnam in the same way." 「이 캠페인은 베트남인들이 한국 생활에 더 잘 적응하고 그들의 삶을 개선하도록 도울 것이다. 베트남 역시 베트남에 거주하고 있는 한국인들을 똑같이 존중할 것이다.」 내가 이 캠페인을 하게 된 보

람을 찾게 해 준 말이다.

「다른 사람을 존중하자.」는 "Respect others."라고 하고, 「다른 사람을 존중하면 당신이 존중받는다.」라고 할 때는 "Respect others then you'll be respected."라고 하면 된다. "starts with you"라는 표현은 「당신과 함께 시작된다」라는 뜻이다. 예를 들어 「존중은 당신으로부터 시작된다.」는 "Respect starts with you."라고 하고, 「변화는 당신으로부터 시작된다」는 "Change starts with you."로 표현한다.

💬 Dialogue

A Did you hear about the new kid in class 2?
2반에 새로 온 아이에 대해 들었니?

B Yeah, I heard he was bullied by his classmates. Do you know why?
응, 나는 그 애가 반 친구들에게 괴롭힘을 당했다고 들었어. 이유가 뭔지 알아?

A His mother is from another country. That's why.
그 애의 어머니가 다른 나라에서 오신 분이거든.

B What's wrong with that?
그게 뭐가 문제인데?

A That's the point! Bullying someone just because they're different is never okay.
그게 요점이야! 상대방이 나와 다르다고 해서 괴롭혀서는 절대 안 되지.

B That's so true, **we all need to respect others.**
네 말이 맞아. **우리 모두 다른 사람들을 존중해야 해.**

📖 Let's Learn

Asian hate 아시아 사람들을 대상으로 한 증오범죄

bully 약자를 괴롭히는 사람, 원하지 않는 것을 강제로 하게 하는 것

E.g., Don't be a bully anymore, he doesn't have to do that if he doesn't want to.

더 이상 괴롭히지 마라, 그가 원하지 않으면 할 필요가 없다.

That's the point! 바로 그거야! 그게 요점이야!

E.g., That's the point, Peter. You should never bully anyone.

그게 요점이야, 피터. 절대로 누구도 괴롭히면 안 돼.

Respect others if you want to be respected.

**당신이 존중받고 싶어 하는 모습
그대로 상대방을 존중하라.**

41 오늘의 최고 선수
Player of the Day

    손흥민 선수는 2022 카타르 월드컵을 3주 앞두고 프랑스 프로축구 마르세유 팀과의 경기에서 공중볼을 다투다 상대 선수 어깨에 얼굴을 부딪쳐 안와골절 진단을 받았다. 회복에 8주가 소요되어 월드컵 출전이 불투명했지만 그는 검은색 마스크를 쓴 채 위험을 감수하며 '투혼'(fighting spirit)을 보여 주었다. 기적은 16강 진출이 걸린 포르투갈과의 최종 3차전 경기에서 후반 추가시간에 이루어졌다.

    손흥민 선수는 페페 선수의 헤더(header: 헤딩이라고 하지 않는다)가 빗맞고 떨어진 공을 잡아 70m 정도를 질주한 뒤 침투하는 황희찬 선수에게 절묘하게 패스했다. 이 패스를 이어받은 황희찬 선수의 극적인 역전 골로 대한민국 축구 대표팀은 12년 만에 월드컵 16강에 진출했다. 손흥민은 이번 대회에서 추가 부상의 위험을 무릅쓰고 질주하며 「불가능은 없다.」 "Nothing is Impossible."이라는 것을 직접 몸으로 보여 줌으로써 세계인에게 진한 감동을 주었다.

경기 후 영국 공영방송 「BBC는 손흥민을 한국-포르투갈전의 MVP로 선정했다.」 "Son Heung-min was named MVP of Korea-Portugal by BBC." MVP란 'Most Valuable Player'의 약자로 최우수 선수라는 의미이다. 축구에서 「오늘 최고의 골」은 "goal of the day"라고 하고, 골프에서 「오늘의 베스트 샷」이라고 할 때는 "shot of the day"라고 한다.

💬 Dialogue

A **Who do you think will win the MVP award?**
누가 MVP를 수상할 것 같으세요?

B It's Son Heung-Min without a doubt.
그야 당연히 손흥민 선수죠!

A I agree with you. He played really well.
동의해요. 그는 정말 잘했어요.

B His game says a lot about him.
그의 경기는 그에 대해 많은 것을 말해 주는 것 같아요.

A I love his dedication too.
저는 또한 그의 헌신적인 모습이 멋있다고 생각해요.

B I am happy for him. It's a big honor.
그에게 정말 잘된 일이에요. MVP 수상은 너무나도 큰 영광이죠.

📖 Let's Learn

fighting spirit 투혼

header(헤더) 주로 축구에서 머리를 이용하여 공을 컨트롤, 패스 또는 슈팅하는 행동을 의미한다. 흔히 헤딩(heading)이라고 하는데 잘못된 표현이다.

without a doubt 의심할 여지 없이

dedication 헌신

E.g., His dedication is admirable.
그의 헌신은 존경할 만하다.

42 양파는 빼 주세요
Hold the Onions, Please

유학생 두 명이 뉴욕의 한 거리에서 핫도그 푸드트럭을 열었다. 한 미국인 손님이 핫도그에 넣는 재료 상자에서 양파를 가리키며 "Hold the onions."라고 하자 「양파를 들고 있어 달라.」는 것으로 알고, 주문한 핫도그를 건네주고서, 양파는 들고 있었다. 전혀 뜻밖의 상황을 마주한 미국인 손님은 영문을 몰라 했다.

여기서 hold는 「들고 있어라」는 뜻이 아니라, 「제외해 달라, 빼 달라」는 의미로 「핫도그에서 양파를 빼고 달라.」는 말이었다. 「다 넣고 양파만 빼 주세요.」는 "Everything on it, just hold the onions."라고 하면 된다. 「치즈를 넣지 마세요.」는 "Hold the cheese, please."라고 한다.

커피를 주문하면서 「시럽을 빼 달라.」고 할 때는, "Hold the syrup, please.", 「우유를 빼 달라.」고 할 때는, "Hold the milk, please."라고 하면 된다. 반대로 「~을 넣어 달라」고 할 때는 with를 넣어 "With milk please." 또는 "With syrup please."라고 말한다.

💬 Dialogue

A Can I get a cheeseburger please?
치즈버거 하나 주문할게요.

B Sure, for here or to go?
네. 드시고 가세요, 아니면 포장이세요?

A To go and uh… **hold the onions, please.**
포장할게요. 그리고 음… **양파는 빼 주세요.**

B Got it. Anything else I can get for you?
알겠습니다. 더 필요한 건 없으신가요?

A Yes. Let me also get a coke.
네. 콜라도 한 잔 주세요.

B Alright, that comes to $10.99.
네, 모두 10달러 99센트 되겠습니다.

📖 Let's Learn

get for 무엇을 누구에게 주다
E.g., *What can I get for you?*
뭘 드시겠어요?

For here or to go? 여기서 드실 건가요 아니면 가져가실 건가요?

come to 도달하다, 합계가 ~이다

43 하마터면 큰일날 뻔했어요
That was a Close Call

　내가 시카고에서 운전 중에 교통사고가 났을 때의 일이다. 링컨우드길에서 적신호를 받아 좌회전 신호를 기다리고 있었는데 갑자기 맞은편에서 차량 한 대가 정지상태인 내 차로 돌진해 왔고, 그 바람에 나는 내 차 앞유리에 이마를 부딪치는 사고를 당했다. 응급실로 실려 가는 차 안에서 응급대원이 내게 "That was a close call."이라고 말했다.

　"a close call"이란 「하마터면 무슨 일이 날 뻔한 상황」을 가리키는 말로서, 그 미국인이 말한 "That was a close call."이란 「하마터면 큰일날 뻔했다.」라는 의미로 말한 것이다. 다행히 응급실에서 상처 부위에 몇 바늘 꿰매고 바로 나왔지만 하마터면 대형 사고로 이어질 뻔했다. 나중에 들었지만 상대방은 음주운전자였다.

　「하마터면 기차를 놓칠 뻔했다.」를 "a close call"을 넣어 영역을 해 본다면 "I almost missed my train. It was a close call."이 된다.

　「그 사람이 하마터면 차에 치일 뻔했다.」를 영어로 하려면, "He was almost hit by a car."라고 하면 된다.

💬 Dialogue

A Hey, watch out! Are you okay?
저기, 조심해요! 괜찮으세요?

B I think so, **that was a close call.**
괜찮은 것 같아요. **하마터면 큰일날 뻔했어요.**

A Terrible, he didn't even apologize.
그 사람은 사과도 안 하다니 끔찍하군요.

B Some people just don't care how they drive.
어떤 사람들은 자신이 어떻게 운전하는지 신경도 안 써요.

A Well, thanks again for grabbing me.
저를 붙잡아 주셔서 다시 한 번 감사드려요.

B Don't mention it. I'm glad you're okay.
천만에요. 이상이 없으시다니 다행입니다.

📖 Let's Learn

watch out 조심해요

E.g., Watch out! You might get hurt!
조심해요! 다칠 수도 있어요!

apologize 사과하다

grab 손으로 움켜잡다, 잠깐 뭘 좀 먹다

E.g., Let's grab a bite before the movie.
영화 시작 전에 간단히 먹자.

Don't mention it 천만에요

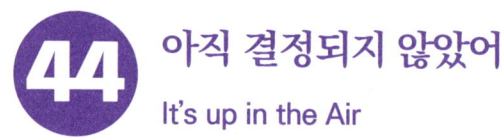

44 아직 결정되지 않았어
It's up in the Air

 필자가 한국과 미국을 오갈 때만 하더라도 시카고를 가려면 일본 나리타 공항을 경유하는 편과 시애틀을 거쳐서 가는 두 가지 방법이 있었는데, 전자보다는 시애틀을 들러 가는 편이 덜 지루하고 시간상으로도 좀 더 빨랐다.

 한번은 시카고로 가는 길에 시애틀을 경유하게 되었는데, 공항 라운지에서 마침 LA에 사는 교포를 만나 이야기를 나누다 보니 이륙시간이 거의 10분밖에 남지 않게 되었다. 탑승이 끝나 가는 줄 알고 급히 기내로 들어가려고 하는데 공항 직원이 "The boarding has not yet started due to mechanical problems."「기계 고장으로 탑승이 아직 시작되지 않았습니다.」라고 안내해 주었다.

 안도의 한숨과 함께 "언제 탑승이 시작되죠?"라고 묻자, 그는 "It's up in the air."라고 대답을 했다. "It's up in the air."는「비행기가 공중에 있다.」란 뜻이 아니고 '불확실하거나 결정되지 않은 상황'을 설명할 때 자주 사용되는 표현으로, 그

공항 직원이 한 말은 「탑승이 언제 시작될지 결정되지 않았다.」라는 뜻이었다.

"When do you plan to go to the States?"「언제 미국에 가십니까?」 또는 "When do you get your promotion?"「언제 승진이 되시죠?」라는 질문에 「아직 결정되지 않았습니다.」라고 할 때도 "It's up in the air."라고 표현하면 된다.

💬 Dialogue

A I heard you and your family were going to Jeju Island.
가족과 함께 제주도 여행을 가신다고 들었어요.

B We really hope to. I can't wait to look around.
정말 그러고 싶어요. 하루빨리 둘러보고 싶어요.

A When are you going?
언제 떠나시는데요?

B We don't know. **Our plans are all up in the air.**
모르겠어요. **아직 정해지지 않았어요.**

A Why so? I thought you were all set.
어째서요? 난 준비가 다 되신 줄 알았는데요.

B An urgent project has come up, so maybe next week.
급한 프로젝트가 생겨서 다음주쯤 될 것 같습니다.

📖 Let's Learn

look around 주위를 둘러보다

be all set 만반의 준비가 되어 있다
E.g., *Are you ready?*
너 준비 다 됐니?
I'm all set.
난 준비 다 됐어.

come up 갑자기 무슨 일이 생기다

E.g., Sorry I couldn't call you, something came up.
갑자기 일이 생겨서 전화할 수 없었어.

E.g., Something came up and I couldn't make it.
갑자기 일이 생겨서 참석하지 못했다.

45 생각해 보니 지갑을 안 가져왔다
Come to Think of it, I didn't Bring my Wallet

노던일리노이 대학교(Northern Illinois University) 대학원 시절, 같은 반 친구가 나를 점심식사에 초대했을 때의 일이다. 식사가 끝나고 그 친구가 계산을 하기 위해 카운터에 가더니 갑자기 "Oh, no. Come to think of it, I forgot to bring my wallet."이라고 다급하게 말했다. "come to think of it~"은 「생각해 보니~」에 해당하는 말로, 갑자기 무언가가 기억날 때 회화에서 자주 사용되는 표현이다. 그 친구가 한 말은 "막상 계산하려고 보니 지갑을 가져오지 않아 난감하다."는 것이었다.

이 표현은 누군가의 말을 듣고 무언가를 새롭게 생각해 내는 경우에도 사용된다. 한번은 「이걸 내일까지 발송해야 하는데요.」 "We have to send this out by tomorrow."라고 하자, 곁에 있던 직원이 "Oh, no. Come to think of it, tomorrow is a holiday. The post office is closed." 「아, 생각해 보니 내일이 휴일이군요. 우체국이 문을 닫습니다.」라고 답했다. 이 또한 상대방이 한 말에 생각이 나서 한 대답인 것이다.

「생각해 보니 키를 차에 두고 내렸네.」는 "Come to think of it, I left the key in my car."라고 하면 된다. 「생각해 보니 우산을 안 가져왔네.」는 "Come to think of it, I didn't bring my umbrella."라고 하면 되고, 집들이에 간 사람이 「생각해 보니 와인을 안 가져왔네.」라고 말하려면 "Come to think of it, I didn't bring the wine."이라고 하면 된다.

💬 Dialogue

A Hey, dinner is on me.
저녁은 제가 살게요.

B No, I got this. You can treat me next time.
아뇨, 제가 살게요. 다음에 한턱 내주세요.

A That's so nice of you, I appreciate it.
정말 친절하시군요. 감사합니다.

B **Uh, come to think of it, I left my wallet at home.**
앗, 생각해 보니 지갑을 집에 두고 왔네요.

A Don't worry, I'll get it this time.
걱정 마세요, 이번에는 제가 살게요.

B Are you sure? Thank you!
정말이세요? 감사합니다!

📖 Let's Learn

dinner is on someone 누구에게 저녁을 사다
E.g., Brunch is on me.
브런치는 제가 살게요.

treat 한턱내다, 다루다, 여기다

forget 잊다, 생각이 안 나다(물건을 잃은 경우는 lose를 사용)

appreciate 고마워하다

E.g., I appreciate your efforts a lot.

수고에 정말 감사드려요.

46 각자 부담합시다
Let's Split the Bill

　노던일리노이 대학교 대학원에서 수업을 들을 때의 일화다. 랜디라는 반 친구와 학교 근처 맥도날드에서 햄버거 두 개를 주문했는데, 개당 2달러 50센트여서 랜디 것까지 내주었더니, 갑자기 정색을 하며 "왜 내 햄버거값을 내주는 거야?"라고 묻는 바람에 당황스러웠다.

　같은 반 학생이고 금액이 얼마 되지 않아 내가 계산했는데 '왜 자신이 주문한 햄버거값을 지불했는지'를 물어본 것이다. 나는 '자기가 나를 위해 해 준 것이 없는데 왜 사 주느냐?'라는 속뜻을 듣고 나서야 이해할 수 있었다. 돈은 자신이 일한 데 대한 대가로 받는 것이라는 인식이 철저한 미국식 문화라 이런 질문이 나온 것이었다. 그동안 나름대로 미국 문화를 잘 알고 있다고 생각해 왔던 나도 이런 질문에는 당황하지 않을 수 없었다.

　이럴 때는 "각자 부담합시다."라고 할 수 있다. 이 표현은 영어로 "Let's split the bill."이라고 하는데 식사, 활동, 청구서 비용을 둘 이상의 사람들이 분담하는 것을 의미한다. 이 표현은 친구, 동료 또는 지인들이 식사나 다른 활동의 비용을 분담하기로 결정하는 상황에서 종종 사용된다. 예를 들어, "I don't want you to keep paying for me, let's go Dutch."「나는 네가 계속 돈을 내는 것을 원하지 않아, 각자 부담하자.」로 표현할 수 있다.

「각자 부담하자.」에 해당하는 말로는 "Let's go Dutch.", "Let's go halfsies."가 있다. 또 "Let's chip in."은 사람들이 식사나 활동 비용을 충당하기 위해 일정 금액을 각자가 기부하는 것을 의미한다.

💬 Dialogue

A This is a charming restaurant.
　이곳은 참 멋있는 식당이군요.

B Yes, it's cozy, and the food is delicious.
　맞아요. 공간이 아늑하고 음식도 맛있어요.

A Would you like some more coffee?
　커피 좀 더 드시겠어요?

B No, thank you.
　아니요, 괜찮아요.

A Waiter, may I have the check?
　웨이터, 계산서 좀 주시겠어요?

B **Tom, let's split the bill.**
　탐, 여기선 각자 부담하는 걸로 해요.

📖 Let's Learn

Go halfies(=halfsies) (slang으로) 공유하다, 특히 비용을 반반으로 부담하다
E.g., Let's go halfies on this bill.
계산서를 반반 나누어 부담하자.

charming 멋있는, 매력적인
E.g., Your coat is very charming.
당신의 코트는 매우 매력적입니다.

cozy 마음의 안정을 찾을 수 있게 아늑한

E.g., This is a cozy place.

여기는 아늑한 장소네요.

E.g., Let's find a cozy place for our date tonight.

오늘밤 아늑한 곳으로 데이트 할 곳을 찾아 보죠.

47 내가 아는 바로는 아니다
Not that I Know of

 필자가 시카고에서 위스콘신으로 가족과 주말여행을 하던 때의 일이다. 워낙 땅덩어리가 넓은 지역이라 하이웨이에서 한번 출구를 잘못 나가면 다시 그 길로 돌아오는 데 엄청 시간이 걸리기 마련인데, 마침 잘못하여 길을 잃어 엉뚱한 도로로 접어들었다. 설상가상으로 기름까지 떨어져 가는 판이라 주유소를 찾는데 근처에 보이지 않았다. 마침 지나가는 차가 멈춰줘서 운전자에게 "이 근처에 주유소가 있나요?"라고 물어보았더니 "Not that I know of."이라고 대답했다.

 "Not that I know of."는 「내가 아는 바로는 없다, 모른다.」는 표현으로 미국인들이 자주 쓰는 생활영어이다. 예컨대 「빌이 군대에 있나요?」 "Is Bill in the army?"라는 물음에 「내가 아는 바로는 아니다.」라고 하고 싶은 경우에 "Not that I know of."라는 표현을 쓰면 된다. 「잭이 집에 있나요?」 "Is Jack at home?"이라는 질문의 답으로, 「내가 아는 바로는 없다.」 즉 「밖에 나갔다.」라고 하는 경우 역시 "Not that

I know of."라고 하면 된다. 「우리 수요일에 미팅이 있어?」 "Do we have a meeting on Wednesday?"라는 질문에 「내가 알기로는 아니다.」라고 할 때도 "Not that I know of."라고 답하면 된다. 유사한 표현으로는 "Not that I'm aware of."가 있다.

💬 Dialogue

A Are you going to Washington next month?
다음 달에 워싱턴에 가시나요?

B **Not that I know of.**
그런 계획은 없는데요.

A I heard your family was going on vacation.
선생님네 가족이 휴가차 그곳에 가신다고 들었거든요.

B You must have misunderstood.
뭔가 오해가 있었던 게 분명하군요.

A Yes, I guess so.
네, 그런 것 같네요.

B I'm not planning on a vacation until late summer.
저는 늦여름까지는 휴가를 떠날 계획이 없거든요.

📖 Let's Learn

know of ~을 알고(듣고) 있다

E.g., I don't know of a better restaurant.
이보다 더 나은 식당을 알지 못한다.(이 식당이 제일이라는 뜻)

must have misunderstood 오해한 것이 틀림없다
「must + have + 과거분사(p.p.)」는 과거의 일에 대한 강한 추측을 나타낸다.

E.g., He must have known her very well.
그가 그녀를 잘 알고 있었음이 틀림없다.

guess 추측하다

E.g., I guess so.
그렇게 추측한다.

[발음] [게스 쏘우]로 하지 않고 두 개의 s를 붙여 [게쏘우]로 발음한다.

48 내가 태워 줄게
I'll Give you a Ride

　선플운동 봉사단 교사들과 학생들이 캄보디아를 방문했을 때의 이야기이다. 캄보디아의 일부 농촌 지역에는 내전의 후유증으로 아직 제거되지 않은 지뢰를 밟아 손이나 다리를 다쳐 활동이 자유롭지 않은 어린이들이 있다. 게다가 학교 수가 워낙 부족한 탓에 많은 어린이들이 매일 상당히 먼 거리를 걸어서 등하교를 하고 있었다.

　선플봉사단은 캄보디아 어린이들에게 교육의 기회를 주는 '친구 자전거 태워 학교 보내기' 프로젝트를 추진했다. 먼저, 건강한 캄보디아 어린이 30명을 선발하여 선플 자전거를 선물한다. 단, 다리를 다쳤거나, 장애로 걷는 데 불편함을 느끼는 친구 한 명을 자전거에 태우고 1년간 등하교를 하는 봉사활동을 권유한다. 그 봉사활동을 마치면, 어린이가 자전거를 온전히 소유할 수 있게 하는 것이다. 캄보디아에서 자전거는 대당 9~10만 원 정도여서 교사 월급 1/4 정도의 금액에 해당하기 때문에 어린이들에게는 무척 고가의 선물이다. 그냥 받기만

하는 것이 아니라, 다리가 불편한 친구를 위해 봉사하는 보람을 느끼게 하려는 것이 이 프로젝트의 중요한 취지이다.

「~를 태워 주다」는 "give ~ a ride"이다. 「너를 태워 줄게.」는 "I'll give you a ride."이고 「자전거를 태워 줄게.」는 "I'll give you a bike ride."라고 하면 된다.

💬 Dialogue

A Hey, are you coming to the science fair after school?
야, 방과 후에 과학 박람회에 올 거니?

B I don't think I can make it. My brother took my bike.
못 갈 것 같아. 내 동생이 내 자전거를 가져갔거든.

A Don't worry, **I'll give you a ride.**
걱정 마, **내가 태워다 줄게.**

B Really? Wait, let me call my dad.
정말? 잠깐만, 아빠한테 전화할게.

A Sure, see you near the main gate then.
그래, 그럼 정문 근처에서 보자.

B I'll catch up with you there!
거기서 보자!

📖 Let's Learn

science fair 과학 박람회

make it 해내다
E.g., I will definitely make it to your wedding.
네 결혼식에 꼭 참석할게.

catch up 따라잡다
E.g., Will you be able to catch up on the work soon?
그 일을 곧 따라잡을 수 있겠어요?

49 호칭을 어떻게 해 드릴까요?
How should I Address you?

얼마 전 외국인들과의 모임에 참석했던 지인 한 분이 내게 말했다. 어떤 사람을 만나 명함을 건네자 상대방이 "How should I address you?"라고 물어보길래, 자신은 영어 문장 속 address라는 단어가 주소를 묻는 줄 알고 "My address is~"라고 재빨리 말해 주었다고 한다. 그러자 상대방이 고개를 갸우뚱하면서 다시 "What do you want me to call you?"라고 다시 물어보고 나서야 "Gim이라고 불러 주세요."라고 했다면서 자신이 겪은 일을 알려 주었다.

미국인들은 가까워지면 last name(성)을 부르지 않고 first name(이름)을 부르기 때문에 이와 같이 물어보기가 십상이다. 무조건 'Mr.'나 'Miss'와 같은 경칭을 붙이기 이전에 「호칭을 어떻게 해 드릴까요?」는 "How should I address you?"나 "What shall I call you?" 아니면 "What do you want me to call you?" 등으로 물어본 다음 상대방이 원하는 대로 부르는 것이 좋은 방법이다.

💬 Dialogue

A How do you do? I'm Robert Johnson.
  안녕하세요. 저는 라벗 쟌슨입니다.

B I'm William Smith.
  저는 윌리엄 스미스입니다.

A It's nice to meet you.
  만나서 반가워요.

B Same here.
  저도요.

A Most people call me Bob. **How should I address you?**
  대부분의 사람들은 저를 밥이라고 불러요. **당신의 호칭을 어떻게 해 드릴까요?**

B Just call me Bill. I hate to be called Mr. Smith or William. It's too formal.
  그냥 빌이라고 불러 주세요. 저는 미스터 스미스라든지 윌리엄이라고 불리는 것은 딱 질색이거든요. 너무 딱딱해서요.

📖 Let's Learn

first name 이름. Christian name 혹은 given name이라고도 한다

last name 성

formal 형식적인. 반대말은 informal이다

E.g., *I need a more formal dress for that event.*

저는 그 행사에 정장 드레스가 필요해요.

E.g., *This event is an informal gathering.*

이 행사는 격식을 차리지 않는 모임이에요.

Be mindful of how you address others.

**상대를 대할 때
호칭에 각별히 신경쓰라.**

50 당신을 응원합니다
I'm Rooting for you

어느 대학교 앞에서 평생 동안 노점상을 하며 고생해서 번 돈을 그 대학에 기부한 할머니의 사연이 인터넷 뉴스에 올라왔다. 이 기사에 "엄청 돈 많은 부자였구나.", "세무서에서 조사해 봐야겠네.", "정신 차리세요."라는 악플들이 달렸다. 장난삼아 쓴 악플들이 할머니의 위대한 삶을 왜곡시킨 것이다. 그러자 이번에는 "멋진 할머니 덕분에 세상이 아직 살 만하다고 느낀다.", "당신을 응원합니다."라는, 할머니를 응원하는 글들이 달리기 시작했다. 그러자 악플들이 싹 사라졌다.

소셜 미디어에서 이런 악플을 보고도 아무런 반응을 보이지 않으면, 결국 그 글에 동조하는 것으로 보일 수밖에 없다. 이럴 때는 반드시 악플러에게 왜 그 내용이 잘못된 것인지를 댓글로 알려 주는 것이 중요하다. 악플로 고통받는 사람들에게 응원의 글을 올리는 것은 사람의 생명을 살릴 수도 있는 숭고한 일이기 때문이다.

내가 16년째 선플운동을 하고 있는 이유는 단 하나다. 「의

미 있는 일을 하시는군요.」 "You're doing meaningful work." 또는 「좋은 일을 하시는군요.」 "You're doing good work." 「당신을 응원합니다.」 "I'm rooting for you." 이 응원의 말들 때문이다.

 "root for someone"은 「누구를 응원하다」라는 뜻이다. 「나는 손흥민 선수를 응원한다.」는 "I'm rooting for Son Heung-min."이라고 하면 되고, 운전면허증을 따러 가는 사람에게 "You can do it. I'm rooting for you."라고 하면 「면허증을 딸 수 있어요. 응원해요.」라는 말이 된다.

💬 Dialogue

A Tim, good luck in the finals tomorrow.
팀, 내일 결승전에 행운을 빌어요.

B Thanks, I really appreciate your support.
고마워요. 응원해 주셔서 정말 감사해요.

A So, are you ready for the big match?
그래서, 큰 경기를 치를 준비는 됐어요?

B Yes, we are all a bit nervous though.
네. 하지만 우리 모두 조금 긴장하고 있어요.

A Don't worry, **I'm rooting for you.**
걱정 말아요. **제가 당신을 응원할게요.**

B I'm so lucky to have a friend like you.
당신 같은 친구가 있어서 정말 행운이에요.

📖 Let's Learn

support 응원하다

E.g., I'll support you no matter what!
무슨 일이 있어도 나는 너를 응원할 거야!

big match 큰 경기

a bit 조금

E.g., I'll see you in a bit.

잠시 후에 보자.

nervous 긴장되다

E.g., I always get nervous before public speaking.

나는 대중 앞에서 연설하기 전에 항상 긴장된다.

51 직업이 무엇인가요?
What do you do for a Living?

　마이크 융(Mike Yung)은 뉴욕의 한 지하철역 안에서 지나가는 통근자들 앞에서 노래를 부르는 가수였는데 그의 하루 수입은 30~40달러 정도였다. 그런데 어느 날 그의 영상이 유튜브에 올라가자 미국에서 큰 화제가 되었다. 〈아메리카 갓 탤런트〉(America's Got Talent)에 출연한 마이크에게 심사위원 중 한 명인 사이먼이 이렇게 물었다. "What do you do for a living?" 마이크는 "I've been singing on the subway for 37 years." 「나는 지하철에서 37년 동안 노래를 불렀어요.」라고 답했다. 전 세계의 시청자들은 37년 동안 자신의 꿈을 포기하지 않은 마이크에게 응원의 박수를 보냈고, 그는 〈아메리카 갓 탤런트〉에 출연한 이후 전혀 새로운 삶을 살게 되었다.

　"What do you do for a living?"은 직업이 무엇인지를 묻는 말이다. 내가 가르쳤던 시카고 시립대학 트루먼 칼리지의 영어 클래스에 찾아오는 교민들과 영어 인터뷰 때 내가 자주 물어보았던 질문 중의 하나이다. "What do you do for a living?"「직업이 무엇인가요?」라고 물어보면, 열이면 아홉 분은 "I live ~"「~에 산다」라고 대답을 한다. 아마 낯선 표현이기 때문일 것이다. 그러나, 미국인들은 이 표현을 많이 사용한다.

  직업을 묻는 경우 "What is your job?", "What is your occupation?", "What are you doing?" 등 표현이 다양하다. 서울의 주한 미 대사관에서 영사가 한국인 비자 신청자와 인터뷰를 하는 중에 "What are you doing now?"「현재 직업이 무엇인가요?」하고 물으니까, "I'm interviewing."「지금 인터뷰하고 있죠.」라고 대답해서 웃겼다는 일화도 있다.

💬 Dialogue

A I heard you changed your career.
직업을 바꿨다고 들었어요.

B Yes, I finally found the right job.
네, 드디어 제가 하고 싶은 일을 찾았어요.

A That's great! **What do you do for a living now?**
멋지세요! **지금은 직업이 무엇인가요?**

B I teach English.
지금은 영어를 가르쳐요.

A Do you like it?
그 일이 마음에 드시나요?

B Of course, I do. I wouldn't change it for the world!
물론이죠. 다른 무엇과도 바꾸지 않을 정도로 마음에 들어요!

📖 Let's Learn

occupation 직업

E.g., I need to change my occupation.
나는 직업을 바꿔야겠다.

career 진로, 직업

E.g., Do you know what career to choose after you graduate?
졸업 후 무슨 진로를 갖고 싶니?

wouldn't change it for the world 다른 무엇과도 바꾸지 않을 것이다

52 세상 참 좁군요
It's a Small World

하루는 필자가 샌프란시스코에서 LA로 가는 도중이었다. 우연히 비행기 옆자리에 앉아 있는 미국인 친구와 대화를 나누게 되었는데, 마침 그 친구는 한국에 근무한 적이 있었고, 알고 보았더니 그의 절친은 내가 파트타임으로 미8군에서 한국어를 가르칠 때 내 강의를 듣던 학생이었다. 대화가 여기까지 진전되자 그 친구가 "It's a small world." 「세상 참 좁군요.」라고 하였다.

업무차 서울에서 회의 때 본 적이 있는 미국인을 우연히 시카고 한국 식당에서 만난 경우에도 "It's a small world."라고 할 수 있다. "It's a small world."는 일상생활에서 자주 쓰는 표현으로 「당신도 그녀를 아세요? 세상 참 좁네요.」는 "You know her too? It's a small world."라고 하면 된다.

세상 좁다는 말을 "It's a narrow world."라고 하기 쉬우나 그렇게 말하지는 않는다. 대신 「그 사람은 마음이 좁다.」라고 하는 경우에는 글자 그대로 "He's a narrow-minded person."이라고 한다. 「마음이 넓다」는 "open-minded"로, 「그 사람은 마음이 넓다.」는 "He's an open-minded person.", 「그는 새로운 음식을 먹는 데 열린 마음을 가지고 있다.」는 "He's open-minded about trying new foods."라고 하면 된다.

🗨 Dialogue

A Are you still taking English lessons at the city college?
아직도 시립대학에서 영어 강좌를 들으세요?

B Yes, I am.
네, 그렇습니다.

A Do you have an English teacher there by the name of Hill?
그곳에 '힐'이라는 영어 선생님이 계신가요?

B Yes. In fact, he's my teacher. Why?
네. 사실 그분이 제 선생님입니다. 왜 그러세요?

A He and I used to room together.
그분이 제 룸메이트였어요.

B Is that right? **It's a small world.**
그래요? **세상 참 좁군요.**

📖 Let's Learn

narrow-minded 마음이 좁은

E.g., *He's a narrow-minded person.*
그는 속이 좁은 사람이다.

open-minded 마음이 넓은

E.g., Jack's an open-minded person.
잭은 속이 넓은 사람이다.

room 명사인 경우는 '방', 동사로는 '동숙하다'

E.g., He's rooming with Jack.
그는 잭과 같은 방을 쓰고 있다.

> The smallest encounters
> can leave the biggest
> impact on our life.
>
> **사소한 만남이 우리 삶에
> 가장 큰 역사를 남길 수 있다.**

53 당신은 미국으로 영영 갈 건가요?
Are you Going to the States for Good?

한번은 필자의 미국인 친구가 서울 미 대사관에서 비자 담당 영사로 있을 당시, 미국으로 이민 가는 한국분들에게 "Are you going to the States for good?"이라고 물어보면 이해하는 분들이 많지 않다고 말한 적이 있다.

아마 'for good'의 정확한 용법을 몰랐기 때문일 것이다. 'for good'이란 'permanently, forever'와 같은 말로서 「영구히, 아주」의 뜻이다. 그러니까 미 영사가 물은 질문은 「미국으로 영영 이민 가는 겁니까?」라는 말이었다. 이때 이민 가는 분이라면 "Yes, I am."이라고 했으면 맞는 대답이다. 한국에 G.I.로 나와 있다가 돌아가는 병사가 "I'm going to the States for good."이라고 했다면 「미국으로 아주 귀국하는 겁니다.」의 뜻이다. "He finally quit smoking for good."는 「그는 마침내 담배를 완전히 끊었다.」라는 뜻이고, 「그녀는 자신의 인스타그램 계정을 영구히 삭제했다.」는 "She deleted her Instagram account permanently."라고 하면 된다. 또한, 미국을 나타내는 말로는 the States, the United States of America, U.S.A, U.S. 등이 있으나 회화체에서는 보통 짤막하게 'the States'라고들 많이 사용한다. 또한, Hawaii에서는 미국 본토를 mainland라고 부른다.

💬 Dialogue

A Mr. Johnson, would you be interested in an opening we have in Los Angeles?
쟌슨 씨, 로스앤젤레스에 자리가 하나 났는데 관심 있으신가요?

B Well, I really don't know. Could you tell me more about it?
글쎄요, 잘 모르겠네요. 좀 더 자세히 말씀해 주실 수 있나요?

A Certainly. You would be the general manager of the West Coast office.
물론이죠. 이 자리를 맡게 되면 서해안 사무소의 총지배인이 되는 거예요.

B It sounds good. **But would I have to stay in Los Angeles for good?**
반가운 소리로군요. **그런데 제가 로스앤젤레스에 계속 머물러야만 하는 건가요?**

A I can't answer that at this time.
그것에 대해서는 지금으로서는 대답을 드릴 수 없네요.

B May I have a day or two to think it over?
하루나 이틀쯤 더 고민해 봐도 될까요?

📖 Let's Learn

opening 취직자리, (직장의) 빈자리

E.g., There's a job opening at our office, are you interested?
우리 사무실에 일자리가 생겼는데, 관심 있으세요?

general manager 총지배인

think over 숙고하다

E.g., Think it over and let me know your idea.
잘 생각해 보고 네 생각을 알려 줘.

54 본론으로 들어갑시다
Let's Get to the Point

강의를 막 시작하려는데 갑자기 한 학생이 물었다. "교수님, 어떻게 메타버스 창업 강의를 시작하게 되셨나요?" 나는 '첫째, 새로운 기술들이 지속 진화하므로 이에 맞추기 위해 메타버스를 수업에 접목하게 되었고, 둘째로 내가 정의하는 메타버스 수업은 단순히 메타버스에 국한된 것이 아니라 첨단 ICT, AI(인공지능), 바이오 등 진화하는 인류의 미래 기류에 함께 올라타기 위한 것'이라는 설명을 해 주었다. 그런데 설명을 하면 할수록 수업 주제와는 다르게 이야기가 빗나가고 있었다.

이렇게 대화가 주제에서 벗어나는 경우, 「본론으로 들어갑시다.」라고 하게 되는데, 이럴 때 미국인들은 "Let's get to the point."라고 한다. 이 경우에 point란 요점, 요지라는 뜻으로서, 횡설수설하는 상대방에게 「당신의 요지를 잘 모르겠다.」라고 할 때는 "I don't see your point."라고 하면 될 것이고, 「그의 말에는 요점이 없다.」는 "There's no point to what he's saying."이라고 한다.

또한, 상대방에게 자기의 요점을 주지시키는 경우는 "My point is~"라는 표현을 사용하여 논리를 전개해 나갈 수 있다.「제 요점은 가격이 너무 높다는 거예요.」"My point is the price is too high.",「그녀의 요점은 너에게 흥미가 없다는 거야.」"Her point is she's not interested in you." 등과 같이 사용한다.

💬 Dialogue

A Mr. Brown, do you feel like I've done a good job for the company?
브라운 씨, 제가 회사를 위해 일을 잘해 왔다고 생각하시나요?

B Of course, Mr. Yi. You're a valuable employee.
물론이죠, 미스터 이. 당신은 훌륭한 사원이에요.

A I'm glad you think so. I enjoy working here.
그렇게 생각해 주시다니 기쁩니다. 저도 이 회사에서 일하는 것이 즐거워요.

B **Let's get to the point, Mr. Yi.** Is there something on your mind?
미스터 이, 본론으로 들어가죠. 하고 싶은 이야기가 따로 있으신가요?

A Yes, Mr. Brown.
맞습니다, 브라운 씨.

B Then, let's talk it out.
그럼, 털어놔 보세요.

📖 Let's Learn

valuable 가치 있는

E.g., *This necklace is so valuable to me.*
이 목걸이는 저에게 매우 귀중한 것입니다.

have something on one's mind 직역을 하면 「~의 마음에 무엇이 있다」라는 말이나, 「무슨 생각을 하다」, 「하고 싶은 말이 있다」라는 뜻

talk something out (결정이 필요한 사안이나 문제 해결을 위해) 논의하다, 말로 털어놓다

55 덕분에 즐거운 하루가 됐어요
You Made my Day

유재석 씨가 "칭찬은 고래를 춤추게 한다는 말이 있듯, 따뜻한 말 한마디는 정말 기운이 나게 하는 것 같아요."라고 말했다. 나는 녹화에 들어가기 전 상황을 들려주었다. 내게 분장을 해 준 분에게 "지금까지 받아 본 분장 중에서 최고예요."라고 했더니 그가 활짝 웃더라고 전했다. 나의 칭찬 한마디가 그를 미소 짓게 한 것이다. 더불어 필자가 시카고에서 식료품을 사기 위해 쑤퍼마켓에 간 일화를 소개해 주었다. 당시 계산대에 있던 여직원이 빨간 스웨터를 입고 있었는데 그 옷이 너무나 잘 어울려 보였다. 그래서 "Your red sweater looks good on you." 「빨간 스웨터가 정말 잘 어울려요.」라고 해 주었다. 그랬더니 그 여성 점원이 내게 이렇게 말했다. "You made my day." 「당신의 한마디가 나의 하루를 기분 좋게 만들었어요」. "You made my day."는 미국인들이 일상에서 자주 사용하는 표현이다.

"칭찬은 고래도 춤추게 한다."라는 말이 있다. 누군가를 만나면 장점을 찾아내어 칭찬해 주라. 3살짜리 꼬마도, 100세 노인도 칭찬해 주면 입꼬리가 저절로 올라간다. 그리고 이 칭찬의 기술은 누구에게나 있다. 만난 사람의 장점을 찾아서 칭찬을 해 주라. 그러면 상대방보다 내 자신이 더 기분이 좋아질 것이다.

"go well on~"은 「~과 잘 어울린다」라는 뜻이다. 「당신의 타이가 셔츠와 잘 어울린다.」는 "Your tie goes well with that shirt.", 「당신의 드레스가 신발과 잘 어울린다.」는 "Your dress goes well with those shoes."라고 하면 된다.

💬 Dialogue

A Hello. Sir, that'll be 120 dollars. Will that be all?
안녕하세요. 고객님, 모두 120달러입니다. 더 필요하신 것 없으신가요?

B Yes. That'll be all.
네. 그게 다예요.

A Your sweater goes well with that hat.
입으신 스웨터가 모자와 잘 어울리세요.

B Oh, thank you. **You made my day.**
오, 감사합니다. **당신의 한마디가 저의 하루를 기분 좋게 만들었어요.**

A Sure, you dress really nicely.
천만에요. 정말 옷을 멋지게 입는 분이세요.

B Thanks. You too.
고마워요. 당신도 마찬가지예요.

Let's Learn

That'll be all 그게 다예요.

look good on (someone) 누구에게 잘 어울린다.
E.g., *Your tie [dress] looks so good on you!*
당신 타이 [드레스]가 정말 잘 어울리세요.

go well 잘 어울리다
E.g., *This bag goes well with your dress.*
이 가방은 당신의 드레스와 잘 어울립니다.

> Your one good compliment
> could make someone's day.
>
> **당신의 칭찬 한마디가
> 누군가의 하루를 행복하게 한다.**

다음 기회로 미룰 수 있을까요?
Can you Give me a Rain Check on that?

　내가 한 달간 한국에 나가 있는 동안 우리집을 돌보아 주었던 이웃집 미국인 아저씨에게 감사의 표시로 주말에 저녁 식사 초대를 했는데, "Can you give me a rain check on that?"이라고 했다. stomach ulcer(위궤양)가 재발해서 음식을 잘 먹을 수 없으니 다음 기회로 미루자며 한 말이었다.

　위궤양이란 신경을 곤두세우는 경우 더욱 심해지는 모양인데, 휘발유(gas) 값이 오르자 당장 자동차에 넣는 기름값 부담이 심해져서 그런 거라고 그의 부인이 귀띔해 주었다. 에너지 파동의 여파가 옆집 백인 아저씨의 위장에까지 영향을 미친 것이다.

　rain check란 원래 야구 시합과 같이 야외에서 갖는 모임이 우천으로 연기되는 경우 표를 구입한 사람들에게 다음 기회에 입장할 수 있도록 해 주는 보상권을 말하는 것으로, 이웃집 미국인이 "Can you give me a rain check on that?"이라고 한 말은, 이번에는 못 하지만 다음 기회로 미루자는 뜻이었다.

"Can you give me a rain check on that?" 이 문장 중에서 on that은 일상 회화의 속도로 발음할 때는 on에 들어 있는 비음인 n이 다음에 나오는 th에 영향을 주어 n만 발음하는 것같이 들리게 되므로, 결국에는 [언댙]이라기보다는 [언냍]에 가까운 발음이 된다. 같은 현상으로 Is John there?[이스 좐 네어?], down there[다운 네어], in there[인 네어] 등이 있다.

🗨 Dialogue

A Hi, Chuck. I'd like to take you out to dinner sometime next week.
안녕하세요, 척. 다음주 언제 모시고 나가서 저녁 식사를 대접하고 싶은데요.

B I don't think I can make it next week, **can you give me a rain check on that?**
다음주에는 어려울 것 같은데 **다음 기회로 미룰 수 있을까요?**

A Would the following week be alright with you?
그다음 주에는 시간이 되시나요?

B Fine. That would work out really well.
좋습니다. 딱 되는 시간이에요.

A Any particular place you'd like to go?
특별히 가고 싶은 곳이 있으신지요?

B I don't know. Do you know of any good Italian restaurants?
글쎄요. 괜찮은 이탈리안 식당을 알고 계신가요?

📖 Let's Learn

take someone out 누구를 데리고 나가다, 초대하다

following week 다음주

E.g., I am invited on a TV show the following week.
저는 다음주에 TV 쇼에 초대받았어요.

work out (시간 등이) 잘 맞다, (상황이) 잘 풀리다

particular 특별한

57. AI의 새로운 시대에 들어섰다
We have Entered a New Era of AI

　내가 미국에 처음 갔을 때 쑤퍼마켓에 가서 30불어치 물건을 사고 50불을 내면, 직원이 금방 계산을 하지 못하고 일일이 계산기를 두드리는 것을 보고 의아하게 생각했었다. 한국의 계산대 직원들은 구구단을 기본적으로 알기 때문에 금방 거스름돈을 내어 주기 때문이다. 그러나 생각해 보면, 계산기가 출현하면서 누구나 정확히 셈을 할 수 하는 계산 능력의 평준화를 가져다주어 구태여 암산이 필요 없게 되었던 것이 아닐까 한다.

　인류는 AI의 출현으로 새로운 시대에 진입했다. 다양한 GPT가 등장함에 따라 중학교를 나오든 대학교를 나오든 누구나 빛의 속도로 원하는 방대한 지식과 정보를 구할 수 있는, 지식·정보의 평준화 시대를 맞게 된 것이다. 전문가들은 AI가 인류의 삶을 더욱 편리하게 만들고, 궁극적으로는 인류가 직면하고 있는 문제들에 대한 새로운 솔루션을 제공하기 위해 지속 진화할 것이라고 전망한다.

예를 들어, 챗GPT는 유저가 한 말을 기억하고, "생일 축하 문자를 보내려는데 창의적인 문장으로 보내 줘."라고 하면 기상천외한 문장으로 축하 문자를 보내 준다. "학교 과제로 제출할, 평화에 대한 시를 한글로 써 줘."라고 명령하면 불과 몇 초 만에 과제를 작성해 주기도 한다. 비록 현재는 편향적이고 잘못된 정보를 제공할 수도 있지만, 이것도 머지않아 개선되어 더욱 진화될 것이라고 한다. 또, 머지않은 미래에 인공지능이 인간의 지능에 버금가는 지능을 갖게 되는 시대가 열릴 수도 있다고 한다.

이러한 AI 챗봇의 시대에 남보다 얼리 어답터(early adopter)가 되기 위해서는 무엇보다 영어를 열심히 배워야 한다. 예를 들어 현재의 챗GPT는 영어에 비해 한국어로 내리는 지시어에 대한 수행 능력이 현저히 떨어진다고 한다. 이는 영어의 필요성이 날로 커질 수밖에 없다는 것을 의미한다.

「AI의 새로운 시대에 진입했다.」를 영어로 표현하려면, "We have entered a new era of AI."라고 하면 된다. 「우리는 쑤퍼 인간지능의 새로운 시대에 진입하고 있다.」는 "We are entering a new era of Super Human Intelligence."라고 표현한다.

💬 Dialogue

A Did you hear about ChatGPT?
챗GPT 얘기 들었니?

B Of course, it's all over the internet.
물론이지. 인터넷에 쫙 깔렸잖아.

A It's incredible how smart it is!
얼마나 똑똑한지 정말 놀라워!

B I agree, **we have entered a new era of AI.**
나도 동의해. **이제 AI의 새로운 시대에 들어선 거야.**

A Indeed, they really did break new ground.
맞아. 그들은 정말 새로운 영역을 개척했어.

B I can't wait to explore it.
빨리 탐험해 보고 싶다.

📖 Let's Learn

all over the internet 모든 인터넷에

era 시대

break new ground 새로운 영역을 개척하다, 새로운 공사를 시작하다
E.g., *His new research did break new ground.*
그의 새로운 연구가 새로운 영역을 개척했다.

explore 탐구하다

58 웨이컵 콜을 주시겠어요?
Can you Give me a Wake-up Call?

내가 아는 무역회사 직원이 시장조사차 미국에 가게 되었는데, 비행기가 연착하는 바람에 예정 시간보다 늦게 LA에 도착하여 공항 근처 호텔에 투숙하게 되었다. 바이어와 회의가 다음 날 아침 7시에 잡혀 있었던지라 호텔 프런트에 「내일 아침 6시에 좀 깨워 주실 수 있겠습니까?」라고 부탁을 하고 싶었는데, 영어로 어떻게 표현하는지를 몰라 포기하고 잠자리에 들었다고 한다.

이런 경우는 호텔 프런트 데스크에 "Can you give me a wake-up call at six?" 이렇게 부탁을 하면 간단히 해결된다. 호텔 측에서는 다음 날 아침 그 시간에 맞추어 투숙객의 방에 전화를 걸어 깨워 주게끔 되어 있다. 아주 쉽고 간단한 영어 표현이지만 이 직원은 이를 알지 못했고, 만약 회의에 지각했더라면 일을 그르칠 수도 있었을 것이다.

위와 같은 경우에는 「~에게 전화를 걸다」라는 숙어인 'give ~ a call'에 'wake-up call'(깨우는 전화)을 넣어 "Can you give me a wake-up call at six?"「내일 아침 6시에 제 방으로 전화를 해서 깨워 주시겠어요?」라고 하면 된다. 흔히 호텔 프런트에 전화를 걸어 다음 날 아침에 원하는 시간에 깨워 달라고 요청할 때 '모닝콜'이라고 하는 분들이 있는데, 이렇게 말해도 상대방이 이해는 하겠지만, 아침에 깨워 달라는 전화는 '모닝콜'이라고 하지 않고 'wake-up call'[웨이컵 콜]이라고 한다.

외국 여행을 떠나는 분들이나 출장을 가는 분들이 기본적인 생활영어를 익히고 간다면 분명 큰 도움이 될 것이다.

💬 Dialogue

A What's your schedule for tomorrow morning?
내일 아침 일정이 어떻게 되세요?

B I have a conference at 7 a.m., so I have to wake up early.
아침 7시에 컨퍼런스가 있어서 일찍 일어나야 합니다.

A **Did you ask the front desk to give you a wake-up call?**
프런트 데스크에 웨이컵 콜을 부탁했나요?

B I'm going to do so.
그렇게 할 예정입니다.

A How's your jetlag?
시차 적응은 좀 어떠세요?

B Still trying to get over it.
아직까지 극복하려고 노력하고 있어요.

🔍 Let's Learn

conference 회의

E.g., I have to attend the conference tonight.
오늘밤 회의에 참석해야 해요.

jetlag 시차

E.g., I still have jetlag from the trip.
아직도 그 여행으로부터 시차 극복이 되지 않았다.

get over something 무언가를 극복하다

E.g., I am still trying to get over the flu.
나는 여전히 독감을 극복하려고 노력하고 있어요.

59 깜빡 잊었습니다
It Slipped my Mind

한국에서 영어를 잘한다고 자부하는 학생도 미국에 처음 도착해서 대학 강의실에 들어가게 되면 사정이 달라진다. 독해나 문법은 자신이 있어도 교수들의 강의를 알아듣지 못하는 경우가 대부분이다.

그런 경우에는 강의를 녹음해 두었다가 몇 번이고 반복해서 듣거나 또는 공부를 잘하는 친구를 사귀어서 노트를 빌려다가 송두리째 외어 버리는 방법을 택하기도 한다. 이러다 보면 자연히 미국인 학생들보다 시간을 훨씬 많이 들여야 겨우 수업을 따라갈 수 있다.

특히 시험 기간 중에 며칠 밤을 새우고도 샌드위치와 커피 한 잔이면 거뜬해하는 미국인 학생들과 경쟁하려면 음식 섭취에도 신경을 많이 써야 한다. 외국에서 공부한다는 것은 그들보다 수 배의 노력을 요하는 어려운 일이 틀림없다.

한날, 필자가 알고 있는 한 유학생이 강의시간에 신세를 졌던 미국인 친구에게 점심을 사겠다고 초대했는데, 약속 장소에서 아무리 기다려도 상대방이 나타나지 않았다. 다음 날 그 친구를 만나서 「왜 약속장소에 나오지 않았느냐?」 "Why didn't you show up yesterday?"라고 물어보았더니 "Sorry. It slipped my mind." 「미안해. 깜빡했어.」라고 대답했다.

「내가 깜빡 잊었다.」를 영어로는 "It slipped my mind."라고 표현한다. 「어제 크리스에게 전화를 걸어 주기로 했는데 깜빡 잊었다.」는 "I was supposed to call Chris but it slipped my mind."라고 하면 된다. 참고로 "It slipped my mind."와 같은 말로는 "I forgot."이 있다.

💬 Dialogue

A Oh, dear!
　어머나!

B What's wrong?
　무슨 일이야?

A I was supposed to call Chris at six.
　6시에 크리스에게 전화했어야 했는데.

B Why didn't you?
　왜 못했는데?

A I was in a hurry, and then **it slipped my mind.**
　바빠서 **깜빡 잊었어.**

B Why don't you call him now?
　지금이라도 전화해 보지, 그래?

📖 Let's Learn

be supposed to 하기로 되어 있었다

E.g., I was supposed to see her last night.
어젯밤에 그녀를 만나기로 되어 있었다.

in a hurry 급히(비슷한 말로 in haste가 있다)

E.g., I'm in a hurry to go.
나는 급히 가야 해.

slip 미끄러지다

60 다른 사람을 빛내면 당신이 빛난다
You Shine by Making others Shine

유재석 씨가 내게 "교수님이 마음속에 늘 간직하고 계신 영어 한마디가 있을까요?"라고 물어보았다. 이 질문을 듣자 나는 수년 전 아내와 함께 방문한 호주 시드니에 있는 오페라 하우스의 벽면에 써 있던 글귀가 떠올랐다. "The sun did not know how beautiful its light was until it was reflected off this building." 「태양은 자신의 빛이 이 건축물에 반사되어 비춰지기 전까지는 그 자신이 그렇게 아름다운지 몰랐다.」 이 글귀는 오페라 하우스에 감동을 받은 미국인 건축가이자 철학자 루이스 칸(Louis Kahn)이 한 말을 옮긴 것이다.

그는 왜 이런 글을 썼을까? 아마도 태양빛을 반사함으로써 더욱 빛나는 오페라 하우스의 아름다움에서 영감을 얻어 적은 글이라고 생각된다. 이 글을 나는 이렇게 해석했다.

"오페라 하우스의 자태는 태양의 빛을 받을 때 더욱 그 아름다움이 빛나듯이, 상대방을 먼저 빛나게 할 때 비로소 나 자신이 빛난다."

날로 진화하는 AI 디지털 시대에 소셜 미디어에서의 악플은 더욱 넘쳐나고 있다. 상대방에게 악플과 혐오의 글을 다는 대신 용기와 희망, 그리고 긍정의 에너지를 주는 좋은 글, 즉 선플 달기를 실천하는 것이 바로 나 자신을 빛나게 하는 방법이다.

「다른 사람을 빛내면 당신이 빛난다.」를 영어로는 "You shine by making others shine."이라고 말한다. 비슷한 표현으로 "You light up by lighting up others." 「다른 사람들을 밝혀 줌으로써 당신이 빛을 발합니다.」 또는 "You succeed by helping others succeed." 「다른 사람이 성공하도록 도와줌으로써 당신이 성공했다.」 등의 표현이 있다.

💬 Dialogue

A Wow, James was featured in *the New York Times*.
와, 제임스가 뉴욕타임즈 특집기사에 실렸어.

B He clearly deserved the honor.
그는 그런 영광을 누릴 자격이 충분히 있지.

A Agreed, he has helped countless people.
맞아, 그는 수많은 사람들을 도와주었잖아.

B **He shines by making others shine.**
그는 다른 사람들을 빛나게 해 줌으로써 자신도 빛나는 거지.

A He is my inspiration.
그는 내게 영감을 주는 사람이야.

B Mine as well.
내게도 마찬가지야.

📖 Let's Learn

feature 주연을 맡다, 특집기사에 실리다

deserve 자격이 있다
E.g., You worked so hard. You deserve a break.
넌 너무나 열심히 했어. 잠시 쉴 자격이 있어.

countless 셀 수 없는, 무수한

Happiness is making others shine
with your kindness.

당신의 친절로 다른 이를 빛내는,
그것이야말로 행복이다.

확실한 성공은 우연한 만남에서 이루어진다
Solid Success Comes from a Chance Encounter

초판 1쇄 발행 2023년 9월 5일

지은이 민병철
펴낸이 민병철
펴낸곳 BCM Publishers
출판등록 제2021-000213호

디자인 이현
표지디자인 황정민
교정 한장희
검수 김성훈, Shivani Ahuja

전화 +82-2-535-3156
이메일 bcmin.assistant@gmail.com

ISBN 979-11-983912-0-9(03740)
값 16,700원

- 이 책은 저작권법의 보호를 받습니다. 비평을 위한 간단한 인용이나 저작권법 내에서 허용되는 비상업적인 용도를 제외하고, 저자와 출판사의 동의 없이 이 책을 촬영, 녹음, 기타 전자 장치나 기계적 방식 등 어떤 형태나 수단으로든 복제, 배포, 전송하는 것은 금지되어 있습니다.

- 잘못된 책은 구입하신 곳에서 바꾸어 드립니다.